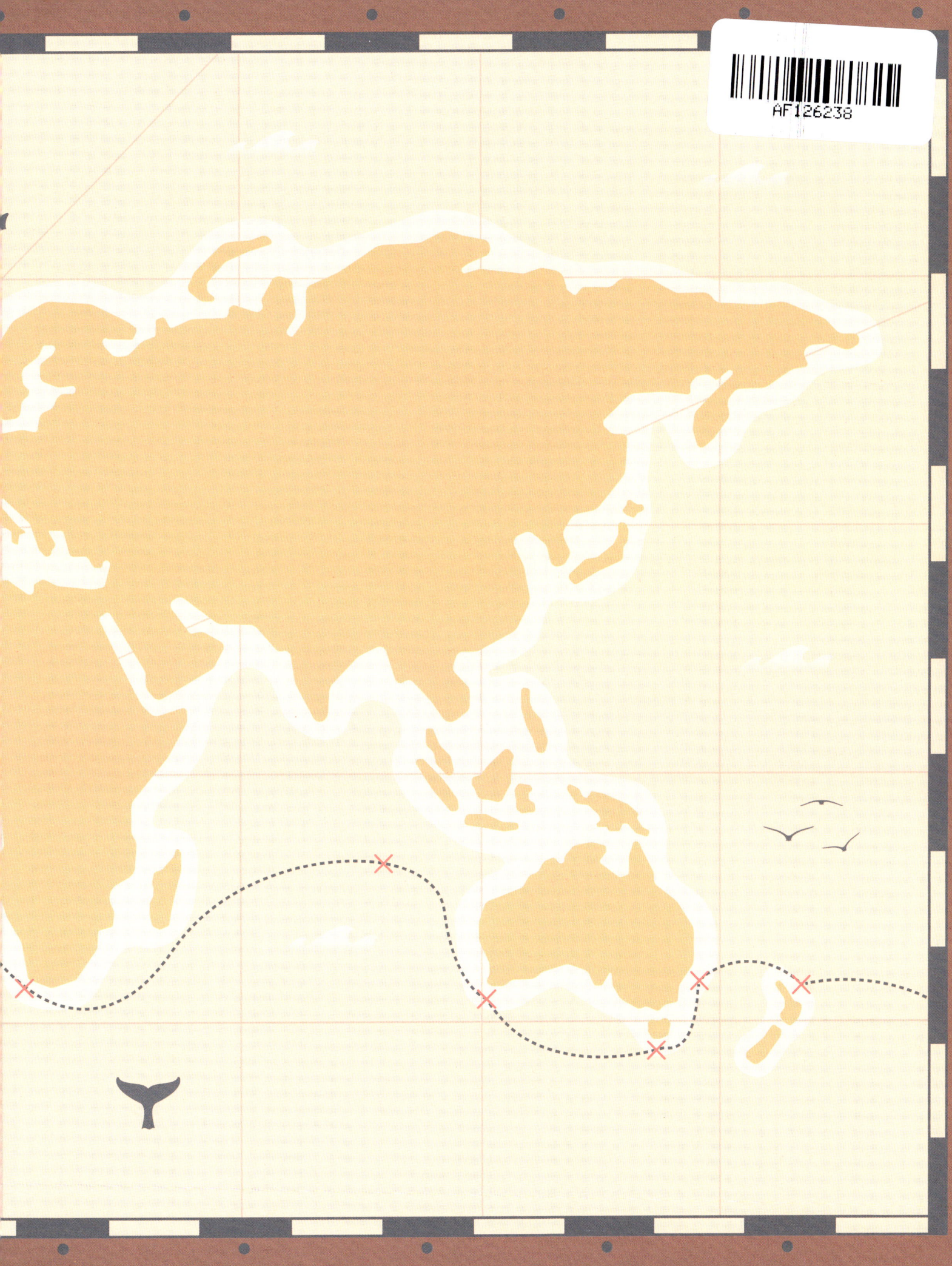

Darwins
große Reise

Darwins große Reise

© 2019 Midas Collection
ISBN: 978-3-03876-151-8

Projektleitung: Gregory C. Zäch
Art Direction & Design: Lee-May Lim
Übersetzung: Kathrin Lichtenberg und Claudia Koch

Text & Illustrationen: © Jake Williams, 2019

Englische Originalausgabe: *Darwin's Voyage of Discovery*
© Pavilion Children's Books

Mehr Infos zu unserem Programm:
www.midascollection.com

Darwins
große Reise

JAKE WILLIAMS

MIDAS

Ein Naturwunder

Charles Robert Darwin wurde am 12. Februar 1809 geboren. Seine Familie lebte im englischen Shrewsbury und war wohlhabend und angesehen. Charles war erst acht Jahre alt, als seine Mutter Susannah starb. Seine drei Schwestern halfen nun dabei, für ihn zu sorgen. Charles' Vater Robert war liebevoll, aber auch sehr streng.

Charles' Großvater war Erasmus Darwin, ein berühmter Philosoph, sein Vater Robert Darwin war Arzt. Sein eigenes Genie zeigte sich in seiner Kindheit allerdings noch nicht so offensichtlich. Kaum jemand hätte geahnt, dass er zu einem der größten Wissenschaftler heranwachsen würde …

In der Schule war Charles nicht besonders gut, doch er liebte die Natur über alles. Oft streifte er stundenlang umher, untersuchte Pflanzen und Insekten, suchte Muscheln, Vogeleier und Kieselsteine. Eine seiner frühesten Zeichnungen zeigt Charles mit einer Topfpflanze, die er selbst aufgezogen hatte.

Mit neun Jahren wurde Charles ins Internat geschickt. Inzwischen war seine Leidenschaft für die Naturkunde deutlich erkennbar. Manchmal frustrierte es ihn, dass er langweiliges Zeug wie die lateinischen und griechischen Klassiker lernen musste, wenn er doch lieber etwas über Botanik und Geologie erfahren hätte.

In seiner Jugend hatte Charles viele Hobbys. Er beobachtete gern Vögel, las Bücher und sammelte alle möglichen Dinge. Gemeinsam mit seinem großen Bruder richtete er in einer Gartenhütte sogar ein eigenes Chemielabor ein! Später berichtete er, dass ihre Experimente in diesem Labor das Beste an seiner Schulausbildung gewesen seien.

Erwachsen werden

Charles träumte von einer Karriere in Biologie oder Naturkunde, doch sein Vater hatte andere Pläne. Mit gerade 16 Jahren wurde er an der Universität Edinburgh immatrikuliert, um Medizin zu studieren. Der arme Charles mochte dieses Fach überhaupt nicht.

Als Arzt hätte Charles Operationen durchführen müssen. Damals wurden Patienten jedoch dafür nicht betäubt oder erhielten Schmerzmittel. Charles war von dem Blut und dem Leid bei den Operationen schockiert – er brach sein Studium ohne Abschluss ab.

Nachdem Charles Edinburgh verlassen hatte, schlug sein Vater ihm vor, stattdessen für die Kirche von England zu arbeiten. Charles wurde für eine Ausbildung zum Pfarrer an das Christ's College in Cambridge geschickt. Dort lernte er den Botanikprofessor John Stevens Henslow kennen, und die beiden wurden schnell enge Freunde.

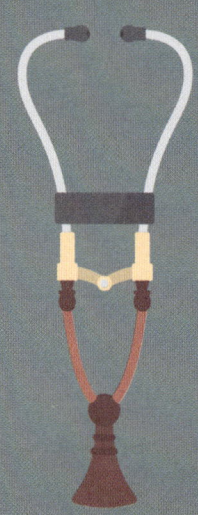

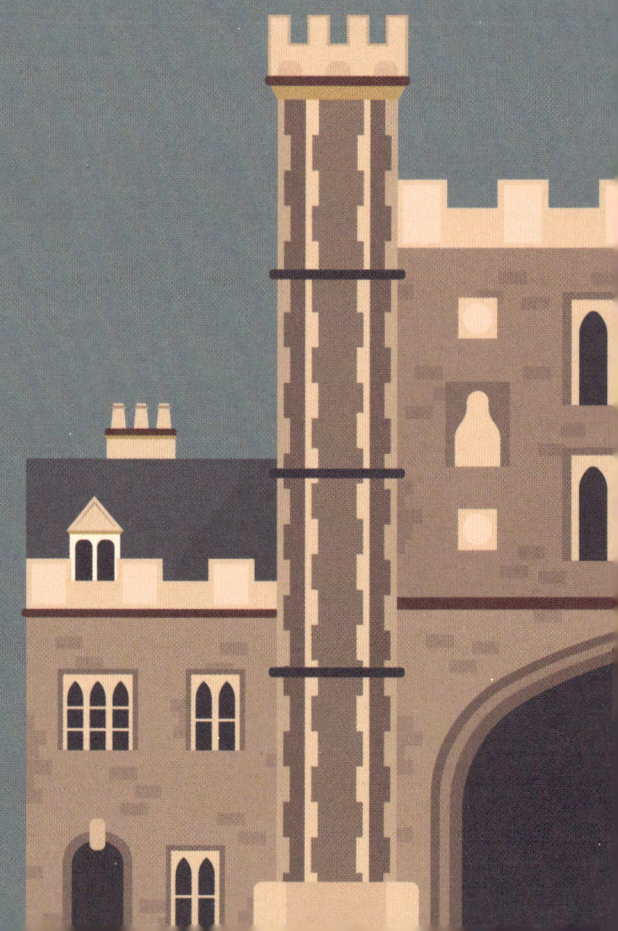

Eine farbenfrohe Sammlung

Charles war nicht sonderlich religiös und hatte es mit dem Kirchendienst nicht eilig. Cambridge besaß jedoch einen Vorteil – nach dem Unterricht blieb ihm viel Zeit, um mit Professor Henslow über die Naturwissenschaften zu diskutieren,

umherzuwandern und seine Käfersammlung zu erweitern. Charles suchte überall nach seltenen und interessanten Arten. Seine Sammlung wurde so umfangreich, dass Wissenschaftler selbst heute, fast 200 Jahre später, noch neue Arten darin finden.

Die Einladung

Im August 1831 bekam Charles von Professor Henslow einen ganz besonderen Brief. Dieser sollte nicht nur sein Leben verändern, sondern in den folgenden Jahrzehnten auch Gesellschaft, Biologie und Naturwissenschaften. Der Brief enthielt die Einladung, in die Mannschaft eines Schiffes einzutreten, das eine Entdeckungsreise rund um die Welt antreten sollte. Der Kapitän suchte nach einem Naturforscher, und Henslow hatte Charles ins Spiel gebracht. Statt sich um einen Job in der Kirche zu bemühen, musste Charles jetzt seinen Vater davon überzeugen, ihn zur See fahren zu lassen. Dr. Darwin war bestürzt – er hielt das für eine dumme Idee.

Eine lange Reise

Das Schiff hieß *H.M.S. Beagle*. Kapitän Robert FitzRoy, ein junger Marineoffizier, wünschte sich als Begleiter einen Gentleman mit Interesse an den Naturwissenschaften. Der geplante Kurs erstreckte sich über fast 65.000 km und führte einmal um die Erde. Während die Besatzung der *Beagle* die Küste erkunden und Karten anfertigen würde, könnte Darwin ins Landesinnere reisen und exotische Pflanzen und Tiere untersuchen.

Charles brauchte Hilfe – er musste nicht nur seinen Vater um Erlaubnis für diese lange Reise bitten, sondern auch um Geld, um für die Reise zu bezahlen. Glücklicherweise sprang sein Onkel Josiah ein. Er schrieb an Charles' Vater und drängte ihn, es sich noch einmal zu überlegen. Schließlich stimmte Dr. Darwin zu.

Nun konnte es Charles kaum noch erwarten, zur Reise seines Lebens aufzubrechen! Als das Abreisedatum näher rückte, besuchte er Professor Henslow in Cambridge. Außerdem reiste er nach London, wo er Kapitän FitzRoy traf.

H.M.S. Beagle

Die britische Flotte galt als die stärkste und angesehenste der Welt. Darum brauchte sie die allerbesten Land- und Seekarten. Die *H.M.S. Beagle* war eines von mehreren kleinen Schiffen, die gebaut worden waren, um die Küsten und Ozeane umfassend zu untersuchen. Ihre erste Reise hatte sie 1825 absolviert.

27 Meter

Die *H.M.S. Beagle* war etwa 27 Meter lang, etwa wie zwei hintereinander stehende Busse.

Die *H.M.S. Beagle* hatte den Auftrag, die Küste von Südamerika zu vermessen. Bei einer früheren Reise waren Schäden am Schiff entstanden. Während es repariert wurde, beriet sich Charles mit Wissenschaftlern in London und kaufte Material ein. Alles musste sorgfältig vorbereitet werden – der Schiffsrumpf wurde abgedichtet, Taue wurden ersetzt und die Decks wurden geschrubbt.

Die *H.M.S. Beagle* war kein Kriegsschiff, musste aber dennoch in Gefahrensituationen zurechtkommen. Wer weiß, was in unbekannten Gewässern geschehen konnte? Die Mannschaft bestand zum Teil aus Marinesoldaten – bewaffneten Seeleuten, um das Schiff vor Piraten, feindlichen Schiffen oder Schlimmerem zu beschützen.

Das Schiff war mit 10 Kanonen ausgestattet.

Kompakt und gemütlich

Das Leben unter Deck der *Beagle* war beengt, doch die Mannschaft machte das Beste daraus. Das Schiff war mit allem ausgestattet, was ein Reisender für eine Weltreise benötigte, von Speisekammern über Messen (so nennt man die Speiseräume auf einem Schiff) bis zu Kohlelagern.

Renovierungen

Während der Reparaturarbeiten ließ Kapitän FitzRoy das Achterdeck um etwa 1,5 m anheben, wodurch eine neue Ebene entstand, das sogenannte »Poopdeck«. Diese zusätzliche Höhe erleichterte es der Mannschaft, zu navigieren und das Gebiet um das Schiff herum zu beobachten. Der Kartenraum befand sich darunter. Hier versammelte sich die Mannschaft, um Landkarten zu studieren und den Kurs des Schiffes zu bestimmen. Außerdem würde Charles hier während der Reise schlafen – in einer Hängematte, die er jeden Abend über dem Kartentisch aufhängte.

Vermutlich kannte Charles nach Wochen
und Monaten nach Bord jeden Winkel
des kleinen Schiffs. Er schlief zwar in
dem winzigen Kartenraum, doch als
Gentleman erwartete man von ihm,
dass er seine Mahlzeiten gemeinsam
mit dem Kapitän einnahm.

Die Ausrüstung

Sobald sich sein Vater bereiterklärt hatte, für die Expedition auf der *Beagle* zu bezahlen, begann Charles, für die Reise zu packen und einzukaufen. Der Platz an Bord war begrenzt, er musste also genau überlegen, welche Ausrüstung er mitbringen konnte. Keine leichte Entscheidung – die Reise sollte schließlich mindestens zwei Jahre dauern.

Knüppel

Zum Schutz vor feindseligen Fremden

Messer

Nützlich, um Pflanzen abzuschneiden

Bibel

Charles hatte vor, nach seiner Heimkehr Pfarrer zu werden.

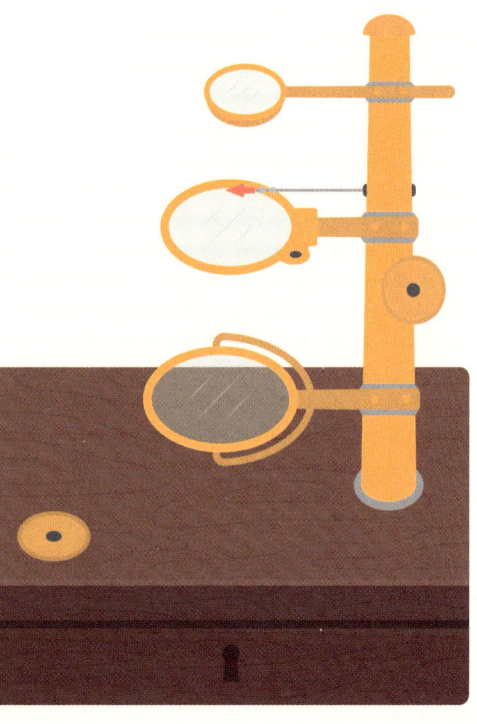

Mikroskop

Wichtig, um Proben zu untersuchen

Teleskop

Nötig, um Dinge in der Ferne zu beobachten; einer seiner teuersten Ausrüstungsgegenstände

Säuretestkasten

Charles konnte mit seinen
Instrumenten an Bord des Schiffes
Proben testen und analysieren.

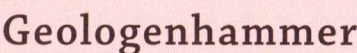

Geologenhammer

Zum Abschlagen kleiner
Splitter von Felsen und
Steinen

Goniometer

Ein Gerät, mit dem sich exakt die
Form von Kristallen in Mineralien
ermitteln lässt

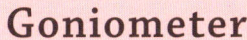

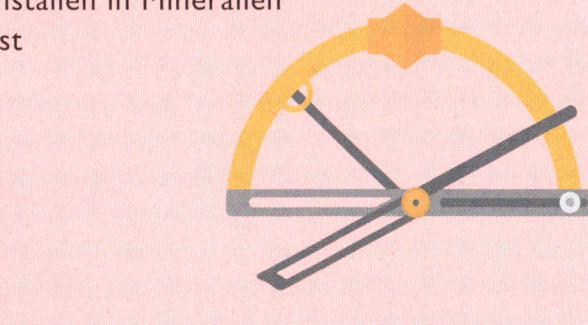

Pistole

Ein weiterer wichtiger
Gegenstand, der Charles'
Sicherheit gewährleisten sollte

Klinometer

Ein spezieller Kompass, mit
dem sich die Neigung von
Berghängen messen lässt

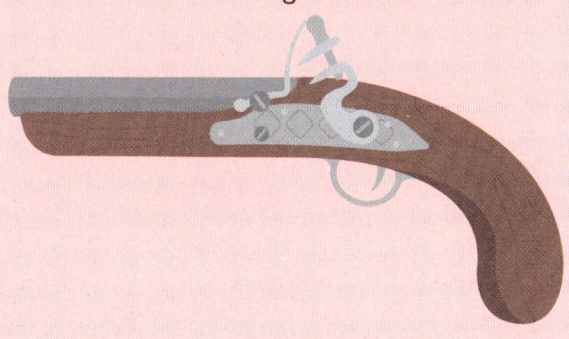

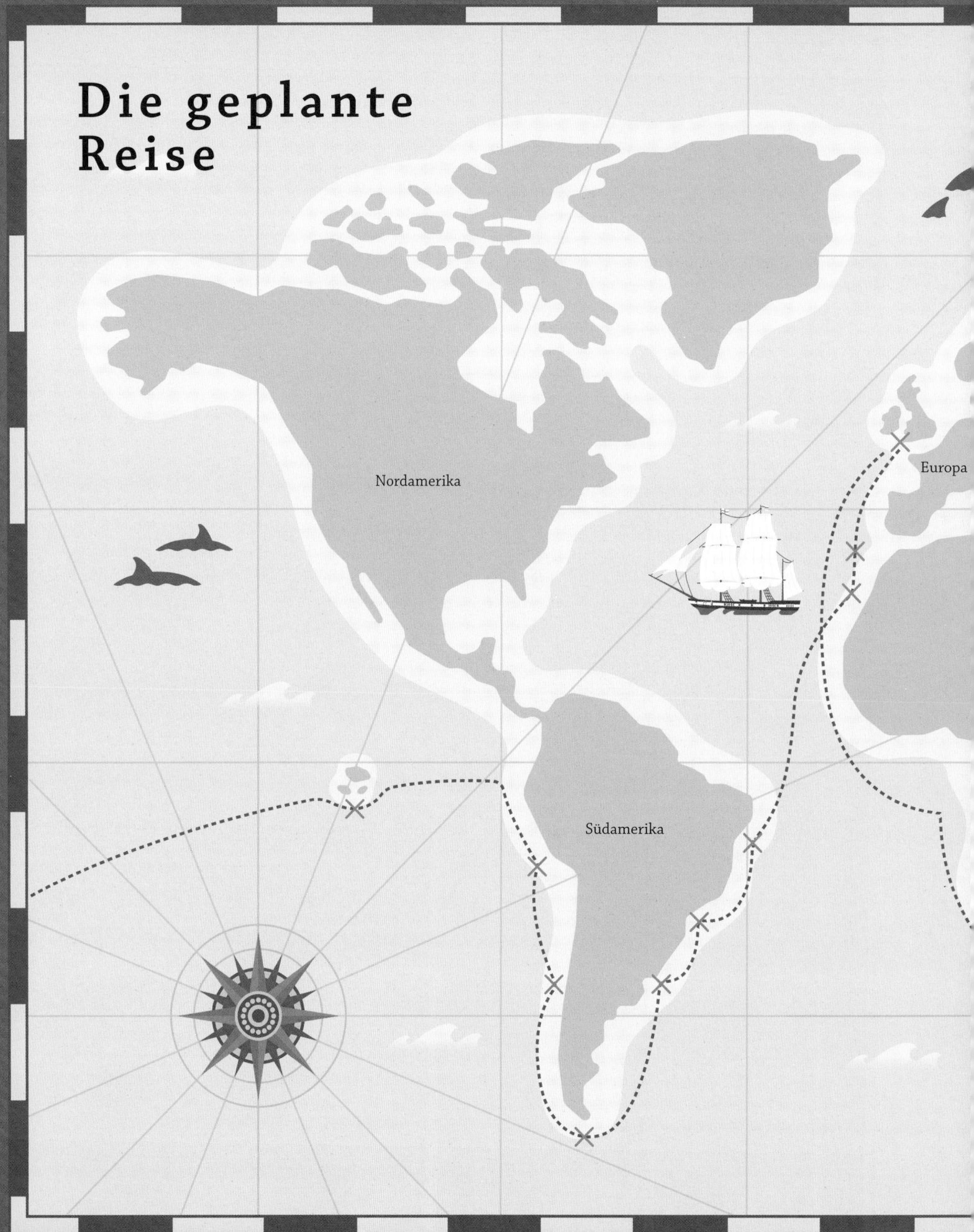

Die geplante Reise

Kapitän FitzRoy war für den Kurs der *H.M.S. Beagle* zuständig. Das Schiff sollte Plymouth in England verlassen und dann die Küste von Südamerika entlangsegeln. Anschließend würde es nach Westen in Richtung Australien und Neuseeland fahren, bevor es sich wieder nach Hause aufmachte.

Asien

Afrika

Australien

Neuseeland

Der Beginn des Abenteuers

Kapitän FitzRoy war ein erfahrener und fähiger Seemann, dennoch verlief der Start der Reise alles andere als reibungslos. Charles und die Mannschaft waren im Oktober 1831 bereit, an Bord zu gehen, saßen dann aber wegen des schlechten Wetters in Plymouth fest. Zweimal versuchte das Schiff, in See zu stechen, doch stürmische Winde zwangen FitzRoy, wieder in den Hafen zurückzukehren.

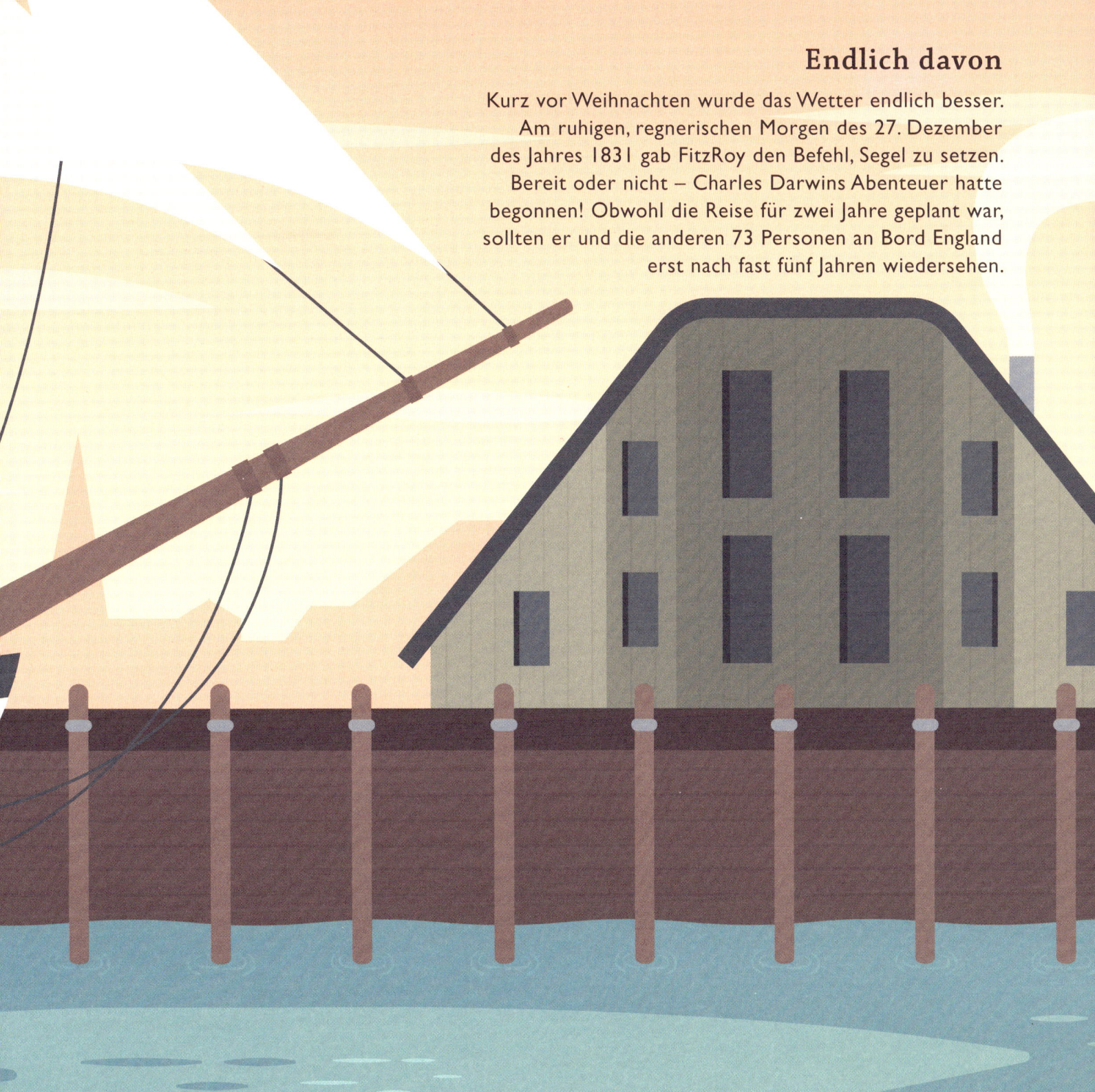

Endlich davon

Kurz vor Weihnachten wurde das Wetter endlich besser. Am ruhigen, regnerischen Morgen des 27. Dezember des Jahres 1831 gab FitzRoy den Befehl, Segel zu setzen. Bereit oder nicht – Charles Darwins Abenteuer hatte begonnen! Obwohl die Reise für zwei Jahre geplant war, sollten er und die anderen 73 Personen an Bord England erst nach fast fünf Jahren wiedersehen.

Zweifel

Als aus Tagen Wochen und dann Monate wurden, begann sich Charles zu fragen, ob die Expedition wirklich eine gute Idee gewesen sei. Er bekam Leibschmerzen und Herzflattern. In seinem Tagebuch vermerkte er, dass dies die schlimmste Zeit gewesen sei, die er jemals erlebt habe.

Die Reise beginnt

Seefest

Sofort nachdem die *Beagle* England verlassen hatte, wurde Charles furchtbar seekrank. Die Mannschaft arbeitete schwer, setzte Segel und passte den Kurs an, um das Meiste aus der Wettersituation herauszuholen. Widersetzte sich jemand dem Kapitän, wurde er streng bestraft.

Das neue Zuhause

Charles fiel es schwer, jede Nacht auf dem Ozean zu verbringen. Manchmal fühlte er sich so schlecht, dass er sich nur noch in seiner Kabine einschließen konnte. Dort lag er dann stundenlang in seiner Hängematte. Im Atlantischen Ozean gibt es viele starke Strömungen und heftige Winde.

Stürmische See

FitzRoy steuerte das Schiff auf die Westküste von Afrika zu. Der erste Halt war auf der Insel Madeira geplant, jedoch hinderte das stürmische Wetter die *Beagle* am Anlegen. Es blieb nichts anderes übrig, als den nächsten Hafen anzusteuern.

Rosinen und Kekse

Charles' Seekrankheit hielt die ganze Reise an. Anfangs konnte er nur Rosinen und Kekse bei sich behalten. Er muss sich miserabel gefühlt haben. Wenn es ihm besser ging, nutzte Charles die Stunden auf See zum Lesen und zum Nachdenken.

Hier nicht

Nach Madeira setzte Kapitän FitzRoy Kurs auf
die Kanarischen Inseln. Charles wollte dort einen
Freund treffen und mit ihm auf Erkundungen
gehen, doch auch daraus wurde nichts.
In England war die Cholera ausgebrochen.
Die Männer durften nicht an Land gehen, damit
sie die Krankheit nicht einschleppten.
Charles fragte sich vermutlich, wohin ihn die
Reise als Nächstes führen würde …

Erstaunliche Tiere

Charles hätte sich niemals vorstellen können, welche
Wunder ihn bei seinem Abenteuer mit der *Beagle* erwarteten.
Eine umwerfende Vielfalt an atemberaubenden Kreaturen
– von riesigen, schwerfälligen Schildkröten über bizarre
Schnabeltiere mit Schwimmhäuten an den Füßen bis zu
winzigen, glänzenden Insekten – sollte entscheidend mitwirken,
die erstaunlichste wissenschaftliche Theorie aufzustellen, die
die Welt jemals gesehen hatte: Darwins Evolutionstheorie.

Kapverdische Inseln und Brasilien

Kapverden

Brasilien

Großbritannien

Ihren ersten Halt an Land machte die *H.M.S. Beagle* schließlich im Hafen von Santiago auf den Kapverden. Die Klippen faszinierten Charles – die Schichten aus weißem Fels zeigten, wie sich die Insel im Laufe der Zeit verändert hatte. Kurz darauf überquerte das Schiff den Äquator und segelte weiter Richtung Süden nach Brasilien.

Neugierige Tintenfische

Als Charles Santiago erkundete, verwandelte sich seine Trübsal in Entzücken. Diese neue, tropische Landschaft war voll üppiger Pflanzen, wunderschöner Strände und erstaunlicher wilder Tiere! Als er eines Tages schwimmen ging, sah er sich einem Tintenfisch gegenüber – einem gummiartigen Meerestier mit Tentakeln im Gesicht und einer sich kräuselnden Flosse.

Nimm das!

Wenn er Tintenfische beobachtete, wurde Charles manchmal mit Wasser bespritzt. Der Tintenfisch ist in der Lage, Flüssigkeit in seinen Körper einzusaugen – und dann schnell wieder herauszuspritzen! Bei Gefahr nutzt ein Tintenfisch den Strahl, um seinen Körper vorwärtszutreiben und schnell die Flucht anzutreten.

Schlaue Farbwechsel

Tintenfische sind mit Kalmaren und Kraken verwandt. Charles war beeindruckt von den unglaublichen Tricks, die die Arten entwickelt hatten, um sich an ihre Umgebung anzupassen, Feinden zu entgehen und Beute zu machen. Und sie können blitzschnell die Farbe wechseln! Tintenfische haben eine transparente Haut, unter der sich eine Schicht Zellen ausweiten und zusammenziehen kann. Das sorgt für den schnellen Farbwechsel.

Anschauen, aber nicht anfassen

Tintenfische können nicht nur ihre Körperfarbe, sondern auch ihre Oberflächenstruktur ändern! Ihre Haut ist in der Lage, sich in weniger als einer Sekunde von glatt zu rau und dornig zu wandeln. Dies hilft dem Meeresbewohner, sich noch besser an die Felsen und den Sand in seiner Umgebung anzupassen.

Sankt-Pauls-Felsen

Auf dem Weg nach Brasilien wollte Kapitän FitzRoy noch einen weiteren Halt einlegen. Die *H.M.S. Beagle* ging für einen Tag bei den Sankt-Peter-und-Sankt-Pauls-Felsen vor Anker, einer Gruppe winziger Felsinseln auf halbem Weg zwischen Afrika und Südamerika. Die Felsformation war sehr gefährlich für Schiffe. Während Charles an Land ging, zeichneten FitzRoy und seine Mannschaft ihre genaue Form und Lage auf.

Die Geburt einer Idee

Charles begann seine Forschungen mit einer Liste aller wilden Tiere, die er auf der Insel finden konnte. Es gab kein Gras, keine Bäume oder anderen Pflanzen – nur Krabben, kreischende Seevögel und eine Handvoll Insekten. Die kleinen Käfer und Spinnen, die es geschafft hatten zu überleben, gaben Charles zu denken. Vielleicht fasste so das Leben Fuß, wenn im Ozean neue Felsen auftauchten? Kamen zuerst Insekten, bevor größere, komplexere Arten erschienen?

Eine Welt ohne Menschen

Sankt-Pauls-Felsen war ein entlegener und einsamer Ort. Unfassbar, dass Kapitän FitzRoy ihn überhaupt finden konnte! Der vom Wind gebeutelte Boden war übersät mit Vögeln und ihren Nestern. Die Tiere hatten noch nie Menschen gesehen und zeigten daher keine Furcht. Die Seeleute konnten sogar zwischen ihnen herumlaufen.

Seeschwalben und Tölpel

Auf der Insel lebten zwei Arten von Vögeln – die graue Noddiseeschwalbe und der braune Weißbauchtölpel. Die Seevögel lebten in großen Brutkolonien. Die Felsen waren mit Guano bedeckt – Vogeldung, der im Laufe der Jahrhunderte hart geworden war.

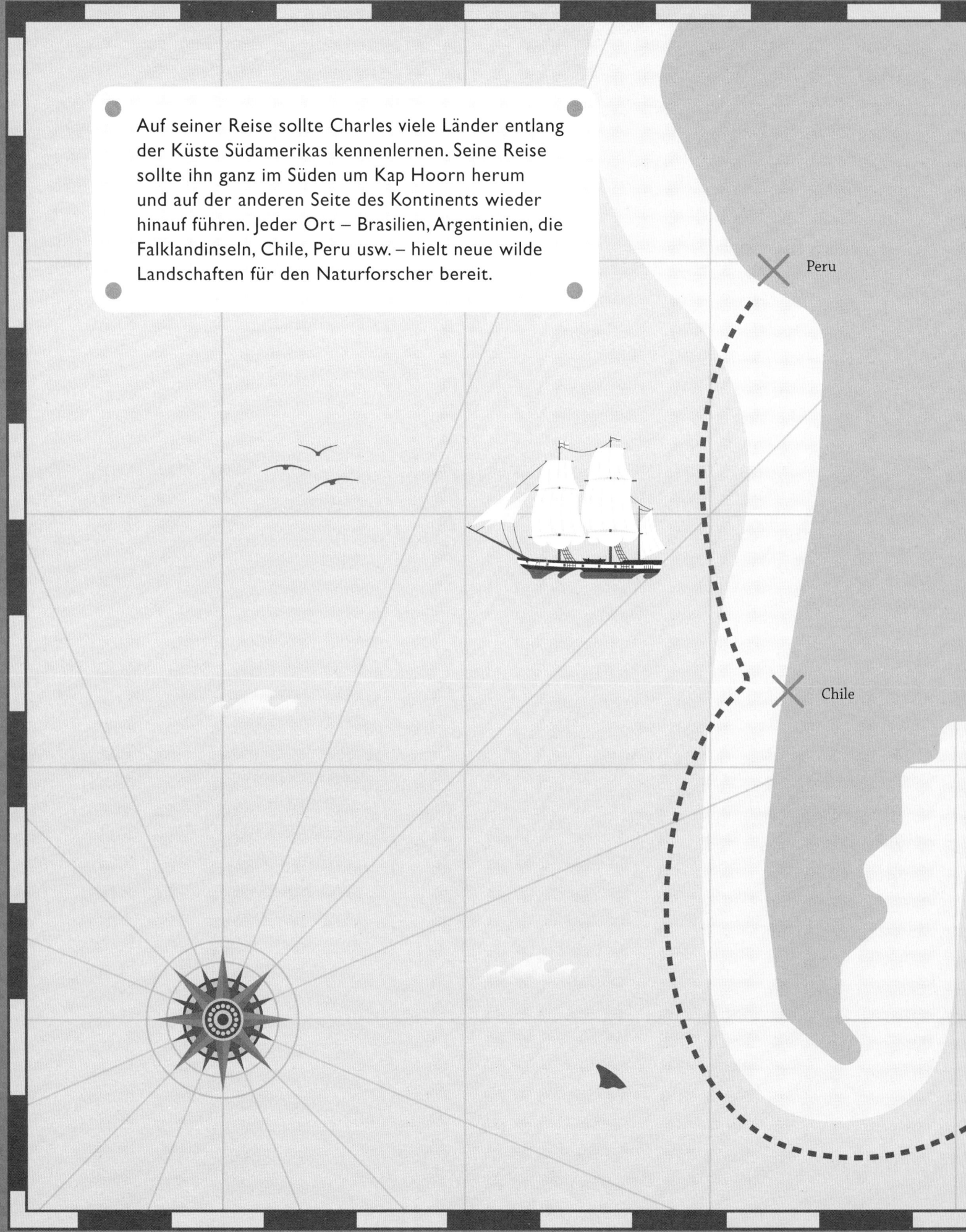

Auf seiner Reise sollte Charles viele Länder entlang
der Küste Südamerikas kennenlernen. Seine Reise
sollte ihn ganz im Süden um Kap Hoorn herum
und auf der anderen Seite des Kontinents wieder
hinauf führen. Jeder Ort – Brasilien, Argentinien, die
Falklandinseln, Chile, Peru usw. – hielt neue wilde
Landschaften für den Naturforscher bereit.

Peru

Chile

Südamerika

Brasilien

Falklandinseln

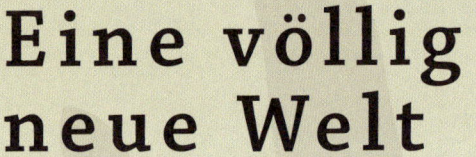

Eine völlig neue Welt

Bei seiner Ankunft in Brasilien erwartete Charles etwas Besonderes: Bei seinen Wanderungen durch die warmen Regenwälder beschrieb der die Landschaft als »schöner als in seinen kühnsten Träumen«. Sofort begann er, alles genau aufzuschreiben und aufzuzeichnen, er nahm Daten auf und sammelte Proben von Pflanzen und Tieren, die er entdeckt hatte, um sie nach England zu schicken.

Was ist das für ein Geräusch?

Als Charles die Kletterpflanzen beiseite schob und unter das Dach der Bäume trat, entdeckte er viele wunderschöne Schmetterlinge. Er lauschte sorgfältig und hörte, wie die Insekten Knackgeräusche machten. Charles konnte kaum seinen Ohren trauen — es war, als redeten die Schmetterlinge miteinander! Konnte das möglicherweise stimmen?

Cracker-Schmetterlinge

Charles war tatsächlich auf eine
Gruppe von Schmetterlingen gestoßen,
die beim Fliegen Geräusche machte.
Bis heute ist nicht ganz klar, wie
die Hamadryas oder »Cracker«-
Schmetterlinge ihre Knackgeräusche
erzeugen, doch ist man sich einig,
dass sie dazu ihre Flügel benutzen.

Hör zu!

Die Wissenschaftler glauben inzwischen,
dass die Cracker-Schmetterlinge ihre
Fähigkeit benutzen, um Botschaften
an andere Schmetterlinge zu senden.
Das Knacken könnte andere Insekten
abschrecken oder einen Partner
anlocken.

Rätselhafte Vögel

Auf seinen Expeditionen durch Südamerika hörte Charles von einem großen, flugunfähigen Vogel namens Nandu. Der Nandu sieht mit seinem kleinen Kopf, dem langen Hals und den kräftigen Beinen fast aus wie ein Strauß. Beim Laufen spreizt er seine Flügel wie große, fedrige Segel.

Hungrig?

Nandus ernähren sich vorwiegend von blättrigen Pflanzen, Früchten und Samen, aber auch von Käfern und sogar kleinen Eidechsen.

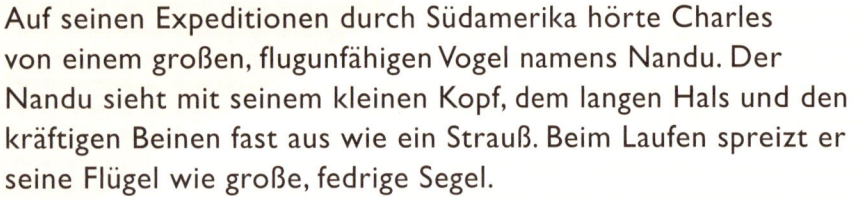

Großer und Kleiner Nandu

Der Große Nandu war bereits bekannt, doch zu Charles' Überraschung gab es eine weitere, kleinere Art. Er suchte eine Zeitlang danach, jedoch ohne Erfolg. Eines Tages schoss der Schiffsmaler einen Vogel zum Mittagessen. Als Charles sich die Knochen auf dem Teller anschaute, erkannte er, dass es sich um den seltenen Kleinen Nandu handeln musste!

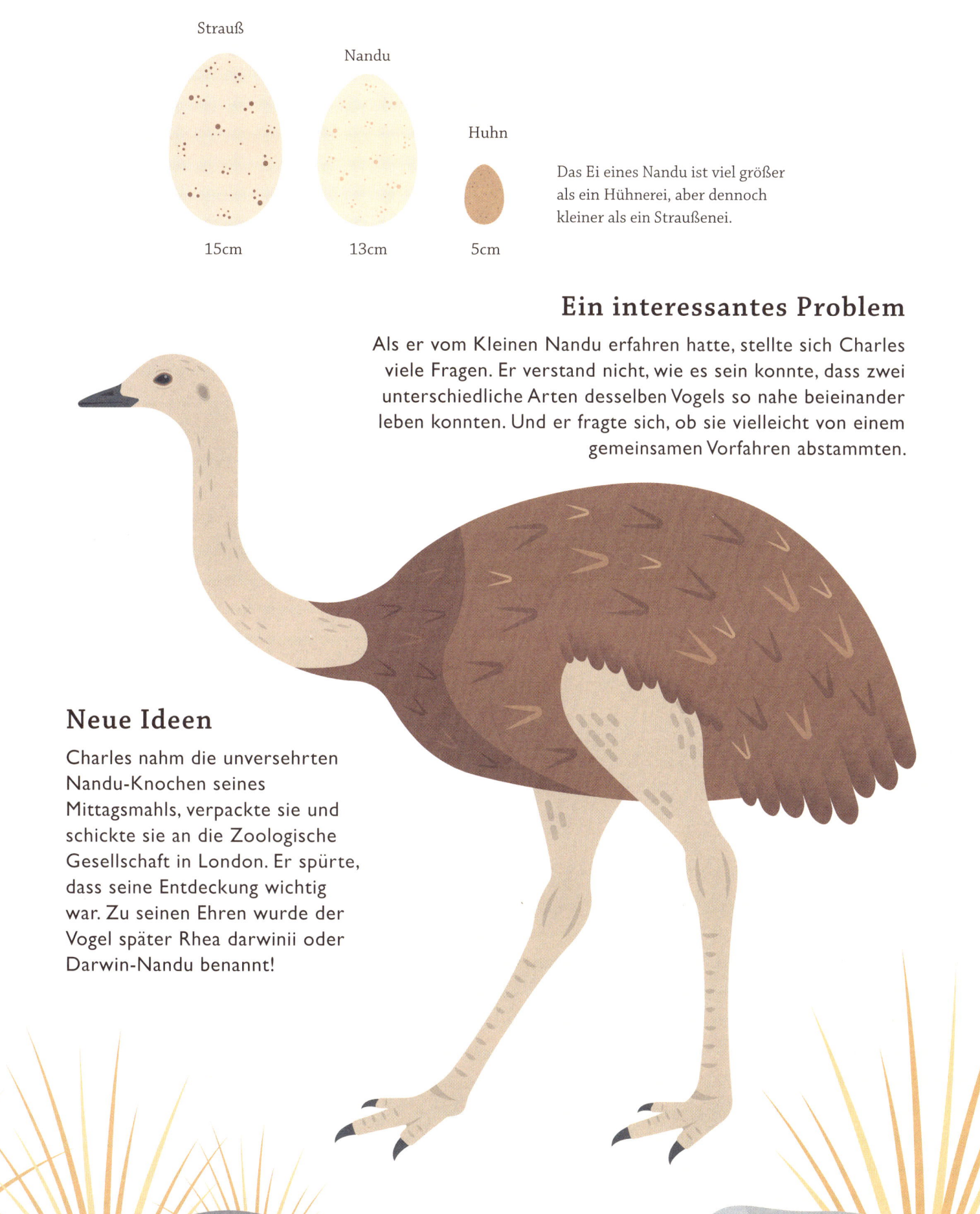

Strauß

Nandu

Huhn

15cm

13cm

5cm

Das Ei eines Nandu ist viel größer als ein Hühnerei, aber dennoch kleiner als ein Straußenei.

Ein interessantes Problem

Als er vom Kleinen Nandu erfahren hatte, stellte sich Charles viele Fragen. Er verstand nicht, wie es sein konnte, dass zwei unterschiedliche Arten desselben Vogels so nahe beieinander leben konnten. Und er fragte sich, ob sie vielleicht von einem gemeinsamen Vorfahren abstammten.

Neue Ideen

Charles nahm die unversehrten Nandu-Knochen seines Mittagsmahls, verpackte sie und schickte sie an die Zoologische Gesellschaft in London. Er spürte, dass seine Entdeckung wichtig war. Zu seinen Ehren wurde der Vogel später Rhea darwinii oder Darwin-Nandu benannt!

Die Glänzenden

Jedes Lebewesen, das Charles beobachtete, schien einen neuen Einblick in die Natur zu liefern. Eines der geheimnisvollsten war das kleine Glühwürmchen. In seinem Notizbuch vermerkte Charles, dass man aus fast 200 Schritt Entfernung sehen konnte, wie sie kleine Lichtblitze von sich gaben

Käfer, keine Fliegen

Das Glühwürmchen ist ein kleiner, geflügelter Käfer aus der Familie der Lampyridae. Der Name ist perfekt für diese Art von Insekt – Lampyridae bedeutet auf griechisch »die Glänzenden«. Einige Arten in dieser Familie sind allerdings flügellos.

Aus und an

Charles entdeckte, dass Glühwürmchen ein strahlendes Licht abgeben konnten, wenn man sie aufstörte, das in Intervallen pulsierte wie eine Lichterkette, die man in der Dunkelheit ein- und ausschaltet.

Hier herüber!

Das Glühwürmchen nutzt sein Licht, um einen Partner anzulocken. Die Lichtblitze kommen von den Ringen am Unterleib des Käfers. Das Licht wird durch eine chemische Reaktion in dem Insekt erzeugt. Jede Unterart des Glühwürmchens weist ein eigenes Muster auf.

Leuchtkräfte

Heute beschreiben Wissenschaftler die Fähigkeit, Licht abzugeben, als Biolumineszenz. Glühwürmchen, Pilze, Quallen und viele Tiefseelebewesen besitzen diese besondere Fähigkeit. Charles war von dem, was er sah, verwirrt. Wieso konnten einige Organismen im Dunkeln leuchten, aber andere nicht, selbst wenn sie eng miteinander verwandt waren?

Duell bis zum Tod

Als Charles eines Tages Rio de Janeiro erkundete, erlebte er einen schrecklichen Kampf. Eine riesige, haarige Tarantel verteidigte sich gegen eine enorme Wespe! Der Naturforscher konnte seine Augen nicht von der Szene abwenden, so geschockt war er davon, diese zwei unterschiedlichen Arten in einem Kampf auf Leben und Tod zu sehen.

Spinnensinne

Die Tarantel ist eine mächtige Spinne, ein gefürchteter Räuber, der sogar Nagetiere und kleine Vögel jagen kann. Doch beim Beobachten dieses Geschöpfes erkannte Charles schnell, dass die Tarantel hier nicht die Jägerin, sondern die Gejagte war.

Die letzte Verteidigung

Wird sie angegriffen, kann die Tarantel Gegner abschrecken, indem sie sich auf ihre Hinterbeine stellt und ihre scharfen Fänge zeigt. Die Wespe, die Charles beobachtete, ließ sich davon nicht beeindrucken. Sie hatte eine sehr wirksame Methode entwickelt, die Spinne bei ihrem Vordringen aufzuhalten.

Vorsicht! Pepsis!

Es handelte sich bei diesem riesigen Insekt um eine *Pepsis*, auch Tarantulafalke genannt. Sie besitzt einen grausamen Stachel, mit dem sie Spinnen lähmen kann. Der Stich einer Pepsis ist angeblich unglaublich schmerzhaft!

Babynahrung

Nachdem eine weibliche *Pepsis* eine unaufmerksame Tarantel angegriffen hat, zieht sie den Kadaver in ihren Bau. Die Wespe legt ein Ei in die Nähe des Spinnenkörpers, der Nachwuchs ernährt sich davon nach dem Schlüpfen. Charles war von diesem Verhalten entsetzt. Er fragte sich, wie die Wespe gelernt hatte, so zu leben.

Fossiliensucher

Charles beobachtete während seiner Expeditionen von der *H.M.S.
Beagle* aus nicht nur Tiere, sondern beschäftigte sich auch mit
Geologie und Pflanzenwelt. Jede Gegend von Südamerika schien
eine neue Entdeckung bereitzuhalten, doch als Charles begann, in
der Erde zu wühlen, wurde es erst richtig interessant …

Uralte Überreste

Charles grub Knochen aus – viele Knochen!
Schon bald erkannte er, dass er hier die
Skelette großer Tiere entdeckt hatte.
Der Wissenschaftler fand Fossilien von
lange ausgestorbenen Säugetieren. Es
war wie ein gigantisches Puzzle! Charles
sammelte und verzeichnete sorgfältig jedes
Knochenstückchen, damit es nach England
geschickt werden konnte.

Herausmeißeln

Die versteinerten Knochen waren Tausende
von Jahren alt. Eines Tages grub Charles an der
Küste von Argentinien einen großen Schädel
aus. Er brauchte drei Stunden, um den Schädel
aus dem weichen Felsen herauszumeißeln, in
den er eingeschlossen war, und noch länger,
ihn zum Schiff zu schleppen. Der Schädel
gehörte zu einem riesigen Bodenfaultier, dem
sogenannten *Megatherium*.

Mega-Säugetier

Bis zu Charles' Reise war das riesige Bodenfaultier der Wissenschaft unbekannt. Als er die Knochen des Säugetiers untersuchte, erkannte Charles, dass es zur selben Familie gehörte wie die modernen Faultiere. Dieses Geschöpf jedoch hatte Übergröße! Ein erwachsenes *Megatherium* hatte zu Lebzeiten, vor etwa 10.000 Jahren, etwa die Größe eines Autos. Mit sechs Tonnen war es das schwerste Landsäugetier, das jemals in Südamerika lebte.

Erste Theorien

Bei seinen Ausgrabungen sammelte Charles Materialien von vier unterschiedlichen Faultierarten. Seine Entdeckungen waren unglaublich aufregend. Die Erkenntnisse, die er über Tierfamilien und ausgestorbene Geschöpfe wie das Faultier gewann, halfen dem Naturforscher, seine ersten Theorien über die Evolution aufzustellen.

Das Mysterium des freundlichen Wolfs

Als die *H.M.S. Beagle* die Falklandinseln umsegelte, wartete eine weitere Überraschung. Über die Inseln streifte ein großer, fuchsartiger Hund, das einzige heimische Landsäugetier. Das Tier war fast zahm und wagte sich ohne Furcht bis an die menschlichen Siedlungen heran. Charles wunderte sich über den freundlichen Wolf – er sah ganz anders aus als die anderen Hundearten, die er auf dem Festland gesehen hatte. Er fragte sich, wie er auf die abgelegenen Falklandinseln gelangt sein könnte. Und wieso waren keine anderen Säugetiere mit ihm gekommen? Charles sinnierte in seinem Notizbuch über die Frage, doch das Rätsel wurde erst sehr viel später gelöst. DNS-Daten haben heute enthüllt, dass das Säugetier auf Eisbergen oder Treibholz auf die Inseln gereist sein muss.

Gedanken und Theorien

Durch seine Reisen war Charles bereits ziemlich aufgewühlt. Die aufregende Tierwelt, die er beobachtete, die eigenartigen Fossilien, die er aus der Erde zog, und die neuen Proben, die er sammelte, warfen viele große Fragen auf. Wie konnten sich einige Tiere so geschickt an ihre Umgebung anpassen? Warum gediehen einige Arten, während andere ausstarben? Charles' Reise sollte seine Weltsicht für immer ändern.

Dampfschiffenten

Auf den Falklandinseln fiel Charles eine lustige kleine Ente ins Auge. Die graue Dampfschiffente bewegt sich paddelnd fort. Ihr Schnabel ist stark genug, um Schalentiere – ihre Lieblingsnahrung – zu knacken. Ihre Flügel sind dagegen klein und schwach, darum kann sie nicht fliegen.

Paddeln und spritzen

Wenn es eine Dampfschiffente eilig hat, richtet sie sich im Wasser auf und strampelt mit ihren kräftigen Beinen. Gleichzeitig schlägt sie mit den Flügeln und paddelt damit geräuschvoll und wasserspritzend. Charles gab zu, dass der Name des Vogels passend gewählt war – er bewegte sich tatsächlich fast wie ein Schaufelraddampfer!

Flügel und Fragen

Die Falklandinseln waren still und abgelegen, das Wetter stürmisch und kalt. Charles ließ sich jedoch nicht von seinen Erkundungen abhalten – er hatte so viel zu tun! Besonders die Vögel waren erstaunlich. Viele von ihnen gediehen in großer Zahl, und trotzdem waren mehrere Arten flugunfähig. Wieso hatten die Vögel Flügel, wenn sie nicht zum Fliegen gedacht waren?

Pinguine

Charles wusste, dass es auf den Falklandinseln vier Arten von Pinguinen gab, doch er schien nur dem Magellan-Pinguin begegnet zu sein. Der kleine Vogel mit dem gestreiften Kopf lebt nicht auf Eis und Schnee wie die meisten Pinguine, auch wenn er diesen sonst in vielerlei Hinsicht ähnlich ist. Der Magellan-Pinguin ist ein guter Schwimmer, der mit seinen Flügeln durchs Wasser rudert.

Pinguin muss los!

Charles amüsierte sich prächtig über den Magellan-Pinguin. Eines Tages stellte er sich einem Pinguin in den Weg, der ins Meer unterwegs war. Der Vogel weigerte sich, seinen Weg zu ändern, und watschelte direkt auf den Naturforscher zu. Mutig warf er sich in die Brust und schubste Charles zur Seite. Es schien, als sei der Pinguin darauf programmiert, geradeaus in den Ozean zu laufen.

Flugunfähig und frei

Flügel wurden anscheinend nicht immer zum Fliegen benutzt. Vielleicht mussten manche Vögel auf den Falklandinseln nicht fliegen können? Charles dachte an die Dampfschiffente. Er erkannte, dass der Vogel perfekt an seine Inselheimat angepasst war, weil ihn dort keine Raubtiere bedrohten.

Charles, der Held

Die *H.M.S. Beagle* segelte weiter. Eines Tages erkundeten
Charles und seine Schiffskameraden eine kleine Insel, als
ein riesiger Eisbrocken von einem nahegelegenen Gletscher
abbrach und in den Ozean stürzte. Das Eisstück war so
gigantisch, dass es eine große Welle auslöste, die direkt
auf die Ruderboote der *Beagle* zurollte

Charles kommt zu Hilfe

Die Mannschaft war in großer Gefahr – ohne Boote hätte sie
keine Möglichkeit, zum Schiff zurückzukehren! Das eisige Wasser
war für Menschen viel zu kalt. Charles eilte mit zwei oder drei
anderen zum Ufer und schaffte es gerade noch rechtzeitig,
die Boote zu retten, bevor sie ins Meer geschwemmt wurden.

Darwin Sound

Kapitän FitzRoy war Charles sehr dankbar. Ohne das schnelle
Eingreifen des Naturforschers wären die Männer gestrandet. Zu Ehren
ihrer Rettung erklärte FitzRoy, dass die Gegend von nun an Darwin
Sound (Darwin-Sund) genannt werden solle. Noch heute trägt die
Wasserfläche nahe der Südspitze von Südamerika seinen Namen.

Winzige Zauberei

Die Berge und Wälder von Brasilien strotzen vor Leben. Riesige Insekten marschieren über den Waldboden, leuchtende tropische Pflanzen erfüllen die Luft mit ihrem süßen Duft und spektakuläre Vögel hüpfen von Ast zu Ast. In seinem Tagebuch berichtet Charles, er habe sich wie »ein Schuljunge in den Ferien« gefühlt. Vielleicht, weil er dem bezauberndsten Geschöpf von allen begegnet war – einem winzigen, schimmernden Kolibri.

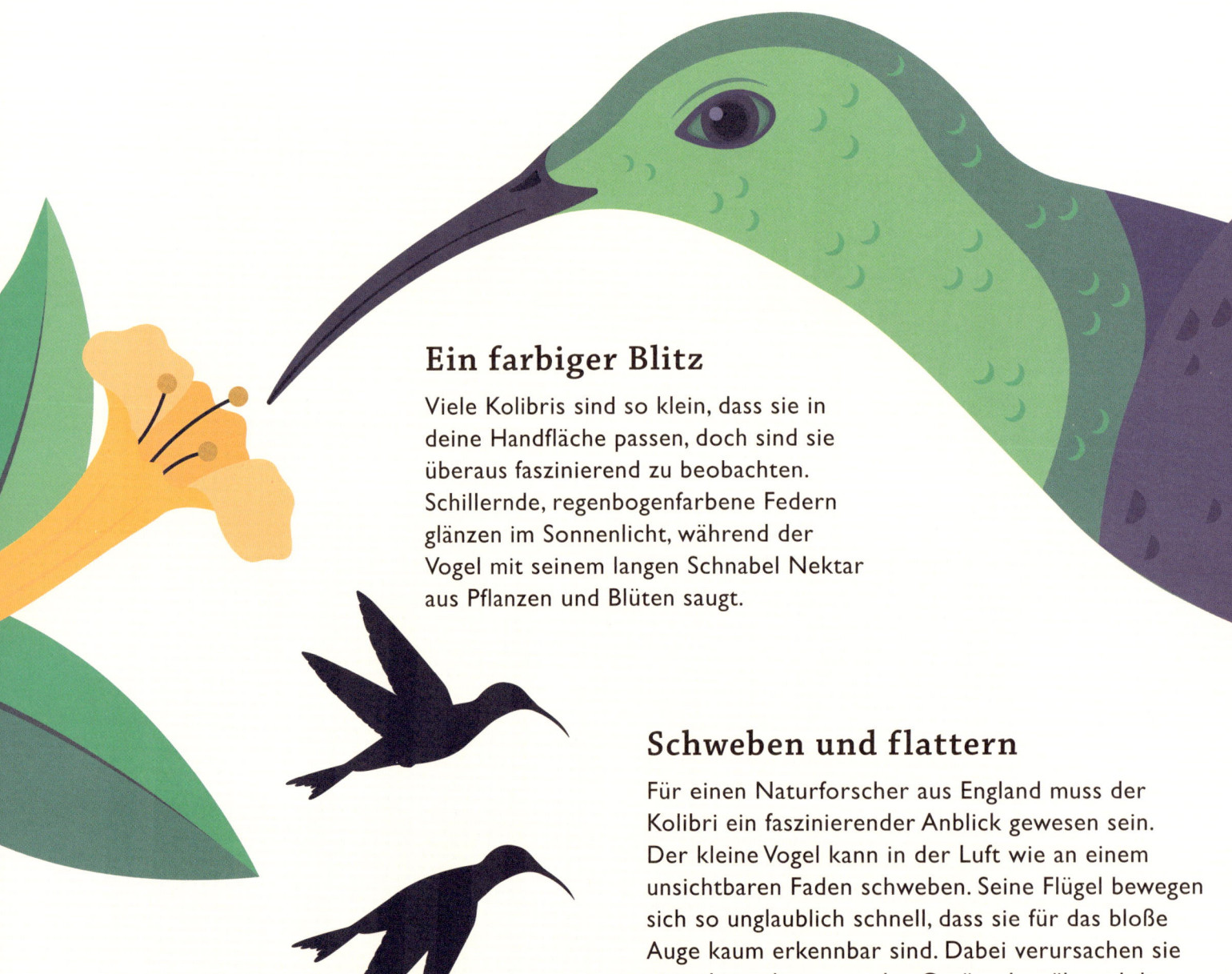

Ein farbiger Blitz

Viele Kolibris sind so klein, dass sie in deine Handfläche passen, doch sind sie überaus faszinierend zu beobachten. Schillernde, regenbogenfarbene Federn glänzen im Sonnenlicht, während der Vogel mit seinem langen Schnabel Nektar aus Pflanzen und Blüten saugt.

Schweben und flattern

Für einen Naturforscher aus England muss der Kolibri ein faszinierender Anblick gewesen sein. Der kleine Vogel kann in der Luft wie an einem unsichtbaren Faden schweben. Seine Flügel bewegen sich so unglaublich schnell, dass sie für das bloße Auge kaum erkennbar sind. Dabei verursachen sie ein seltsam brummendes Geräusch, während der Kolibri von Blüte zu Blüte flattert.

Breitschwingenkolibri

Charles zählte bei seinem Aufstieg auf den Berg Pedra da Gávea vier verschiedene Arten von Kolibris. Dabei bemerkte er, dass eine einen ungewöhnlichen Schwanz besaß. Der Breitschwingenkolibri (auch Schwalbenkolibri oder Blauer Gabelschwanzkolibri) hat einen gegabelten Schwanz, der halb so lang ist wie sein Körper. Diese Anordnung der Schwanzfedern eignet sich perfekt zum Ausbalancieren, wenn der Vogel in der Luft schwebt.

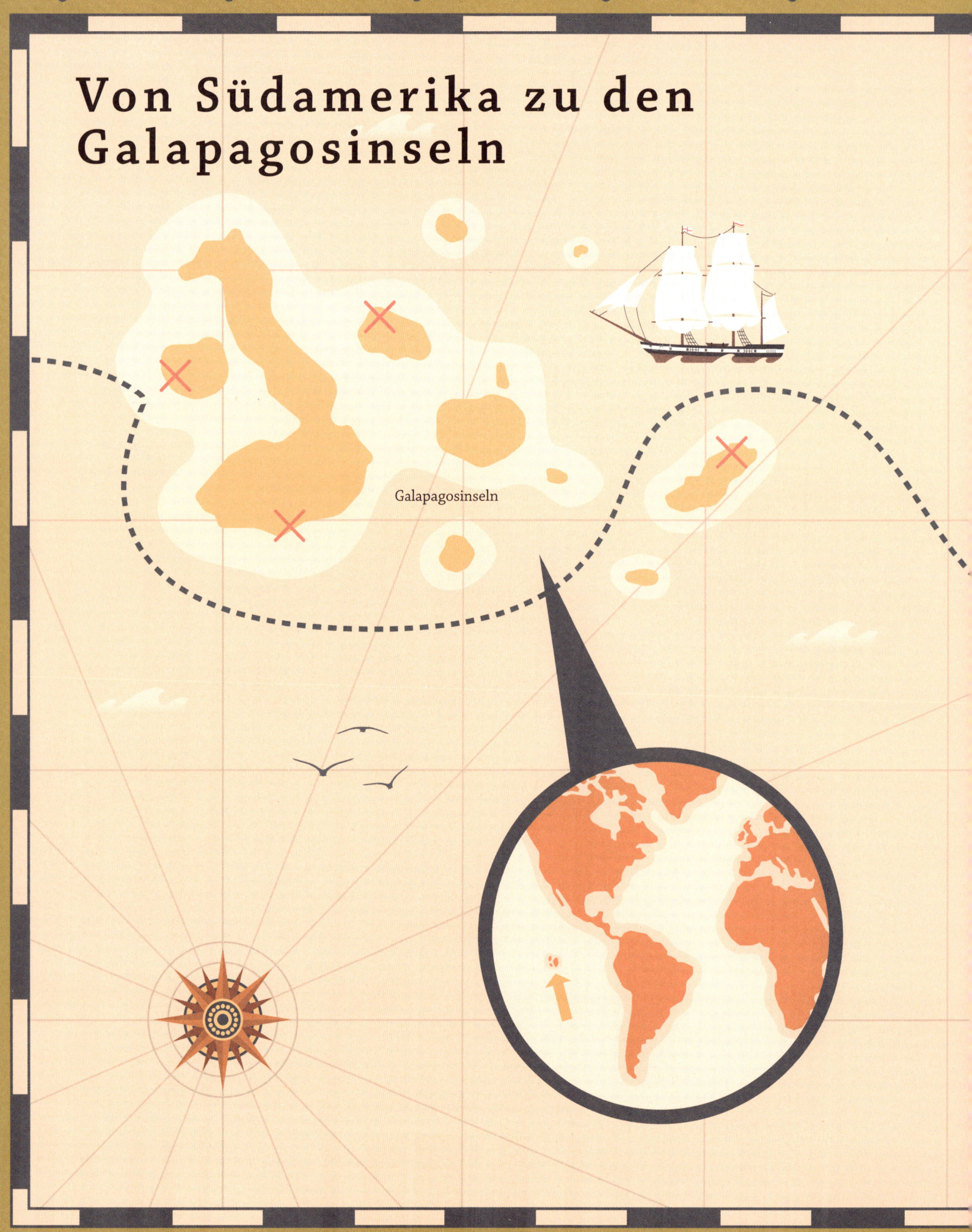

Von Südamerika zu den Galapagosinseln

Galapagosinseln

Jede Etappe von Charles' Reise war dramatisch. Er war eine Weile krank, wurde Zeuge eines Vulkanausbruchs und erlebte ein starkes Erdbeben, bevor es Zeit wurde, Südamerika zu verlassen. Im September 1835 machte sich die *H.M.S. Beagle* auf den Weg nach Galapagos – eine Gruppe felsiger Inseln 1.000 Kilometer vor der Küste von Ecuador.

Peru

Seltsame neue Welt

Die Galapagosinseln müssen sehr kahl und abweisend gewirkt haben, als die *H.M.S. Beagle* dort eintraf. Die 18 größeren Inseln in der Gruppe sind vor Millionen von Jahren durch Vulkanausbrüche entstanden und mit Bergen aus schwarzem Lavagestein bedeckt. Die Inseln liegen meist in Sichtweite voneinander, ihr Klima ist ungefähr gleich.

Oase im Ozean

Die Galapagosinseln sind zwar ausgesprochen schroff, aber gleichzeitig faszinierend! Als Charles an Land ging, erwartete ihn eine Überraschung. Die Inseln waren alles andere als öde und leer – stattdessen lebte auf ihnen eine vielfältige Tierwelt.

Lebendige Wissenschaft

Charles war mittlerweile mehr als dreieinhalb Jahre unterwegs, doch sein Enthusiasmus war ungebrochen. Er half der Besatzung der Beagle beim Untersuchen der Inseln und sammelte Proben von Steinen, Pflanzen und Tieren. Seine Notizen aus dieser Zeit sollten den Kurs der Wissenschaft für immer verändern.

Nichts zu befürchten

Die Vögel auf den Galapagosinseln waren den Anblick von Menschen nicht gewohnt. Wenn Charles sich ihnen näherte, blieben sie einfach sitzen und zeigten keine Furcht, wenn man sie aus der Nähe studierte. Die Vögel schienen in gewisser Weise mit den Arten verwandt zu sein, die er in Südamerika gesehen hatte, wiesen aber auch ganz einzigartige Eigenschaften auf.

Vögel von Galapagos

Charles erkannte schnell, dass die Vogelarten ganz eigene Methoden entwickelt hatten, um sicher zu sein und Nahrung zu finden. Jede war perfekt an das Überleben auf ihrer Insel angepasst.

Blaufußtölpel

Der Tölpel war für Charles kaum zu übersehen – ein ulkiger Seevogel mit leuchtend blauen Füßen. An Land wirkt er unbeholfen und schwerfällig, doch das ändert sich, sobald er in den Ozean taucht. Die Füße des Vogels wirken wie Schwimmflossen und torpedieren ihn mit Leichtigkeit durch das Wasser.

Spottdrossel

Charles bemerkte, dass sich die Spottdrosseln auf den verschiedenen Inseln leicht unterschieden, obwohl sie nicht weit voneinander entfernt lebten. Die kleinen Vögel hatten unterschiedlich lange Schnäbel und verschiedene Markierungen an Kehle, Brust und Flügeln.

Goldwaldsänger

Den leuchtenden Goldwaldsänger findet man in ganz Amerika, von Alaska bis Peru. Obwohl die Waldsänger auch auf den Galapagosinseln leben, unterscheiden sich die Populationen auf den Inseln voneinander.

Wachse, wie du willst

Um Charles herum schienen sich einzelne Arten zu ähnlichen, leicht verschiedenen neuen Arten entwickelt zu haben. Und das beschränkte sich nicht nur auf Vögel – auch die Pflanzen zeigten sich in vielen überraschenden Formen.

Küstengebiet

Ein schmaler Bereich entlang der Strände der Inseln. Die Pflanzen, die hier wachsen, haben sich an die windigen, salzigen Bedingungen angepasst.

Trockenzone

Der größte Teil der Galapagosinseln ist trocken und wüstenartig. Nur stachelige Kakteen und blattlose Sträucher können hier gedeihen.

Feuchtzone

Nur die größten Galapagosinseln haben eine Feuchtzone. Diese höher gelegenen Gebiete sind voller dichter Wälder aus grünen *Scalesia*-Bäumen.

Finde den Unterschied

Die üppigen, grünen Scalesia-Bäume wachsen in den meisten Feuchtzonen auf den Galapagosinseln. Doch auf den verschiedenen Inseln unterscheiden sich die Bäume voneinander – manche ragen hoch hinauf, andere dagegen werden nur so groß wie ein kleiner Strauch. Selbst die Form und Haarigkeit der Scalesia-Blätter ändert sich von Wald zu Wald. Jede Baumart ist an die Bedingungen in ihrem Gebiet angepasst.

Adaptive Radiation

Die Galapagosinseln entstanden, als tief unter dem Meer Vulkane ausbrachen und einen neuen Ort schufen, an dem Leben gedeihen konnte. Die Inseln sind sehr weit vom Festland entfernt, sodass Kakteen, Moose und alles andere, was hier lebt, vom Rest ihrer Arten isoliert ist. Heute wissen wir, dass dies Beispiele für eine adaptive Radiation sind – etwas, das auftritt, wenn sich Pflanzen oder Tiere an ihr Klima und ihre Umgebung anpassen.

Vögel beobachten

Während er die üppigen Wälder der Galapagosinseln durchstreifte, entdeckte Charles überall in Schwärme von Finken. Auf trockenem Land zählte der Naturforscher 13 verschiedene Finkenarten, die sich jeweils ein bisschen vom Rest unterschieden. Die Exemplare, die er nach London zurückschickte, halfen Charles später, das Geheimnis der Evolution zu entschlüsseln.

Wirklich einzigartig

Die Finkenarten, die auf den Galapagosinseln leben, kann man nirgendwo sonst auf der Welt finden. Als die Inseln entstanden, haben einige Vögel vermutlich von Südamerika aus den Weg in diesen neuen Lebensraum genommen. Möglicherweise wurden sie von Stürmen über den Ozean geweht.

Imbiss gefällig?

Die Galapagosinseln besitzen eine reichhaltige Pflanzen- und Tierwelt, es gibt also immer ausreichend Nahrung. Ohne Konkurrenz oder Raubtiere, auf die man aufpassen müsste, konnte der Fink gedeihen und überleben. Über lange Zeit konnten sich die Vogelkolonien an das Futterangebot in ihrem Gebiet anpassen.

Vogelsammler

Charles war ein eifriger Sammler. Er fing sorgfältig so viele Finken, wie er konnte, und verpackte die gesammelten Exemplare, so dass sie nach London zurückgeschickt werden konnten. Jeden der Vögel kennzeichnete er mit einem Schildchen, allerdings vergaß er aufzuschreiben, auf welcher Insel er ihn gefunden hatte.

Enge Verwandte

Charles' Finken sollten weltberühmt werden.
Die Vögel werden oft als die Inspiration für
seine Evolutionstheorie angesehen, dabei
erkannte er ihre Bedeutung erst viel später.
Als er nach England zurückkam, war es
eigentlich der Vogelexperte John Gould,
der Charles erklärte, dass die Finken eng
miteinander verwandt seien.

Darwinfinken

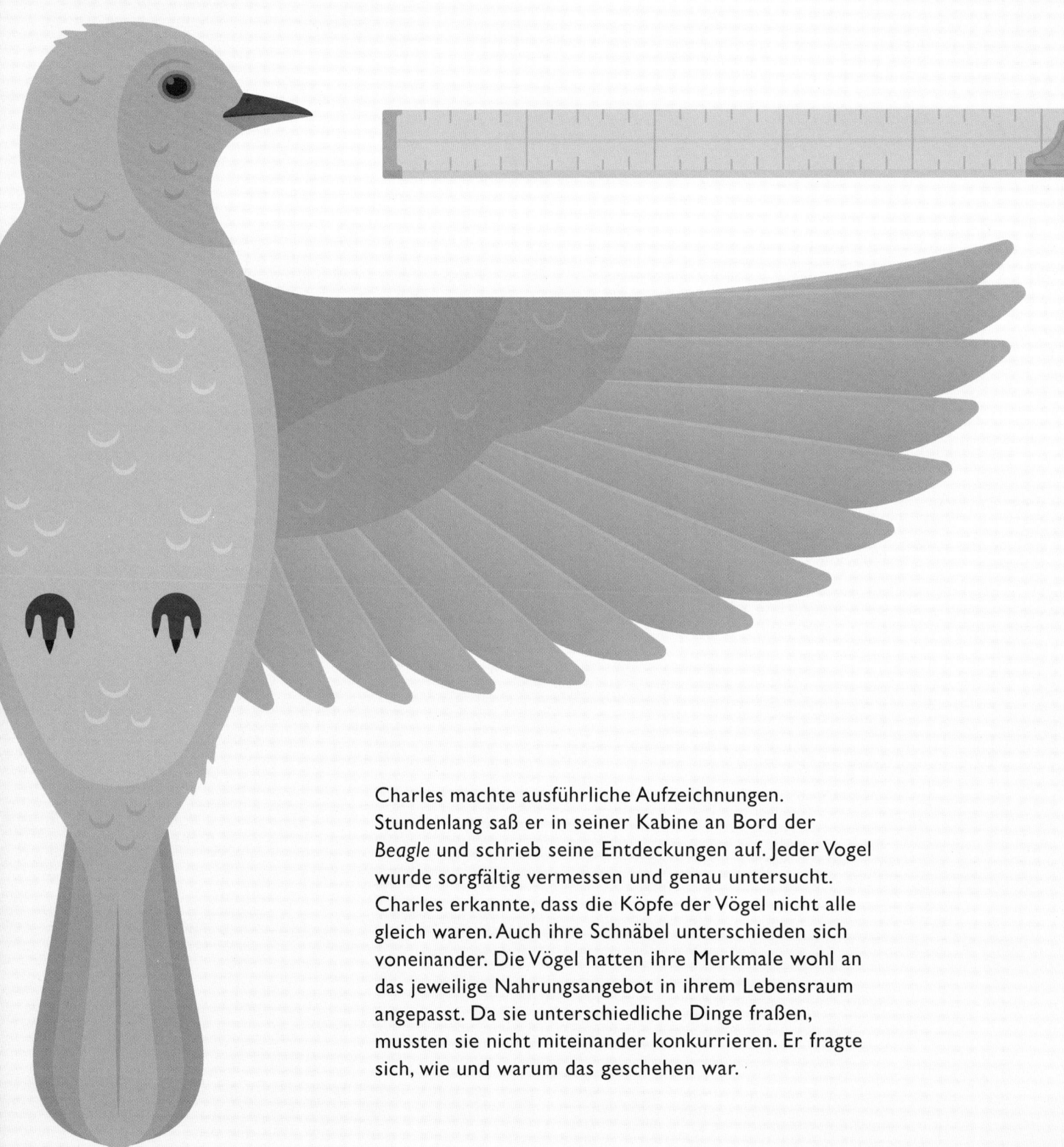

Charles machte ausführliche Aufzeichnungen. Stundenlang saß er in seiner Kabine an Bord der *Beagle* und schrieb seine Entdeckungen auf. Jeder Vogel wurde sorgfältig vermessen und genau untersucht. Charles erkannte, dass die Köpfe der Vögel nicht alle gleich waren. Auch ihre Schnäbel unterschieden sich voneinander. Die Vögel hatten ihre Merkmale wohl an das jeweilige Nahrungsangebot in ihrem Lebensraum angepasst. Da sie unterschiedliche Dinge fraßen, mussten sie nicht miteinander konkurrieren. Er fragte sich, wie und warum das geschehen war.

Viele Varianten

Überraschend war, wie viele Arten von denselben südamerikanischen Vorfahren abstammten. Einige der Finken hatten große Schnäbel entwickelt, die in einer Spitze zusammenliefen, um harte Kerne zu knacken. Andere fraßen lieber feinere Samen – ihre Schnäbel waren entsprechend kleiner.

Doch nicht nur bei Köpfen und Schnäbeln gab es Variationen. Manche Finken besaßen größere Körper und längere Schwänze, manche hatten Federn in gedämpften Farben, während andere sogar eigene Melodien zwitscherten.

Die Finken verhalfen Charles später zu einer neuen Idee, der sogenannten natürlichen Auslese. Pflanzen und Tiere, die es schaffen, sich schnell an Änderungen in ihrer Umgebung anzupassen, konnten meist überleben. Das machten auch die Darwinfinken, als sie auf den Galapagosinseln ankamen. Hätten sie ihre Schnäbel und Fressgewohnheiten nicht angepasst, wären sie vermutlich ausgestorben.

Schnabel hoch!

Samenfresser

Es gibt mehr als ein Dutzend Finkenarten auf den Galapagosinseln. Die meisten bodenbrütenden Vögel fressen Nüsse und Samen. Ihre Schnäbel sind entsprechend der Größe und Härte der Samen in ihrem Gebiet geformt. Die Galapagosinseln sind so weit voneinander entfernt, dass die Finken nicht zwischen ihnen hin- und herfliegen und sich mit anderen Arten paaren können.

Kaktus- und Obstfresser

Der Kaktusgrundfink ernährt sich ganz besonders. Er nutzt seinen Schnabel, um stachelige Pflanzen zu fressen, wie etwa den Feigenkaktus. Der kluge Vogel hat gelernt, alle mögliche Nahrung von der Pflanze zu gewinnen – er pickt das Mark, die Früchte und Insekten, die an den Kaktusblüten nippen. Andere Finken haben sich darauf spezialisiert, mit weicheren Nahrungsmitteln zu überleben, wie etwa Beeren.

Insektenfresser

Viele Baumfinken sind besser darauf eingestellt, an Krabbeltieren zu knabbern als an Samen. Sie besitzen spezielle Greif- oder Bohrschnäbel, mit denen sie leicht ein Insekt aus einem engen Raum herauspicken und herunterschlucken können. Der Spechtfink hat seine Fertigkeiten so verfeinert, dass er sogar Werkzeuge einsetzen kann. Der Vogel hat gelernt, wie man einen Zweig auf die passende Länge abbricht und als Speer zum Aufspießen eines Käfers benutzt. Beeindruckend!

Land der Riesen

Charles beschrieb die Galapagosinseln als eine »kleine Welt in sich selbst«. Große Reptilien streiften umher – Riesenschildkröten mit faltigen Gesichtern und harten Panzern. Er maß ihre Geschwindigkeit, beobachtete sie beim Eierlegen und stellte fest, wie viel Wasser sie tranken.

Kuppelförmige Schildkröte

Charles erkannte, dass es auf den Inseln zwei Hauptarten von Schildkröten gab. Die meisten hatten einen kuppelförmigen Panzer, einen kurzen Hals und kurze Beine. Die Vorderseite dieses Panzers war geschlossen, so dass sie sich zum Schutz hinter diese harte äußere Hülle zurückziehen konnte. Die kuppelförmige Schildkröte stand den Schildkröten auf dem Festland am nächsten.

Sattelrückenschildkröte

Die andere Schildkröte, die Charles beobachtete, hatte einen Panzer, der vorn wie ein Sattel hochgewölbt war. Diese Art war aggressiver und streckte ihren langen Hals und ihre Beine, um zusätzlich an Höhe zu gewinnen. Sie war vor allem in den trockeneren Gebieten der Galapagosinseln zu finden. Die Sattelrückenschildkröte war die kleinere der zwei Schildkrötenarten.

Auf der Karte

Charles war nicht der einzige, dem die unterschiedlichen Panzerformen auf den Inseln auffielen – auch die Einwohner bemerkten sie. Sie erzählten dem Naturforscher, dass sich die Reptilien auf den Inseln des Archipels jeweils verschieden entwickelten. Einige behaupteten sogar, dass ihnen ein Blick auf den Panzer reichte, um festzustellen, wo die Schildkröte lebte!

Der Standort ist wichtig

Kuppelförmige Schildkröten müssen sich nicht sehr um ihre Nahrung bemühen. Sie leben auf Inseln, auf denen es reichlich Bodenbewuchs gibt. Die Schildkröte muss nur mit gesenktem Kopf krabbeln, und kann alles fressen, was ihr vor das Maul kommt. Sattelrückenschildkröten sind an weniger üppige Vegetation angepasst. Die Wölbung in ihrem Panzer lässt Platz, um den Kopf zu heben und von Büschen, Sträuchern und Kakteen zu fressen.

Megamonster

Landleguane

Es gibt zwei Hauptarten von Leguanen auf den Galapagosinseln. Der Landleguan lebt im Inland und frisst Pflanzen und Blätter. Die schwerfällige gelbe Echse liegt morgens gern in der Sonne. Am Abend zieht sie sich in ihren unterirdischen Bau zurück. Dies hilft ihr, ihre Körpertemperatur zu halten und Energie zu sparen, die sie zum Bewegen braucht.

Charles war vom Leben in all seinen Formen fasziniert, doch die Leguane der Galapagosinseln stellten seine Liebe zur Natur auf eine schwere Probe. Die schuppigen Reptilien patrouillierten nahezu auf jedem Strand, mit herausschnellenden Zungen und Schwänzen, die von links nach rechts schlugen. Zunächst war Charles entsetzt.

Meerechsen

Die Meerechse ist die einzige Echse auf der Welt, die auch ins Meer geht. Charles war von ihren pechschwarzen Schuppen und den unheimlichen, weit auseinander liegenden Augen nicht besonders angetan. Er beschrieb sie als »widerliche« und »plumpe« Kreatur. Im Ozean jedoch sieht das ganz anders aus. Der Körper der Echse ist an die Fortbewegung im Wasser angepasst, wo sie elegant und leicht herumschwimmt und mit ihren scharfen Zähnen Algen und Seetang von den Felsen knabbert.

Stoff zum Nachdenken

Im Oktober 1835 wurde es Zeit für die *H.M.S. Beagle*, die Galapagosinseln zu verlassen und ihre Reise fortzusetzen. Charles' Besuch dauerte zwar nur wenige Wochen, aber er hatte viele faszinierende Entdeckungen gemacht. Er und sein Gehilfe, Syms Covington, hatten Proben gesammelt, die sie zu Hause anderen Wissenschaftlern zeigen konnten. Während seiner Zeit auf dem Schiff untersuchte und verpackte er eine Taube, vier Schlangen, zwei Eulen, einen Bussard und viele andere Tiere. Die Ausbeute an Insekten war allerdings geringer, eine Tatsache, die ihm überall auf den Galapagosinseln aufgefallen war. Charles hatte außerdem versucht, von jeder blühenden Pflanze ein Exemplar mitzunehmen.

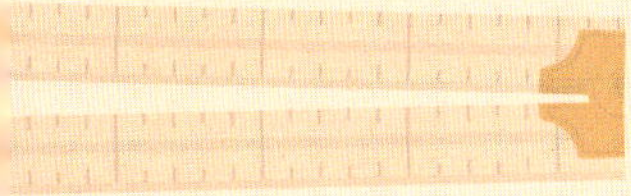

Zeit für Veränderungen

Während das Schiff weitersegelte, hatte Charles Zeit, die gesammelten Vögel, Reptilien und Pflanzenproben zu untersuchen. Erst dabei bemerkte er, wie viele Arten einzigartig für die Inseln waren. Wünschte sich Charles, zurückzukehren, um noch einmal einen Blick auf sie werfen zu können? Vielleicht. Später schrieb er: »Es ist das Schicksal jedes Reisenden, davoneilen zu müssen, wenn er gerade entdeckt hat, welches Objekt an einem Ort seiner Aufmerksamkeit mehr wert ist.«

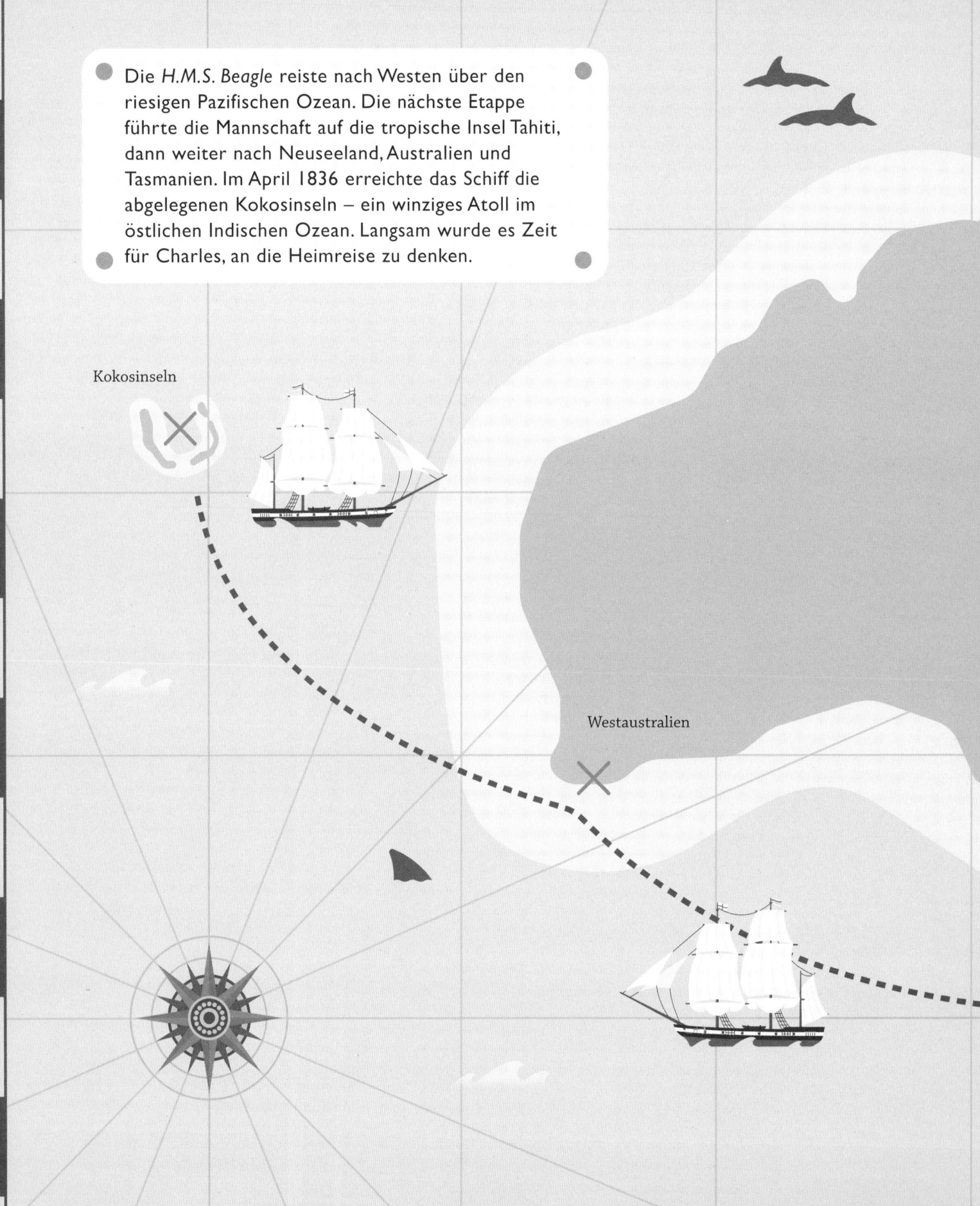

Die *H.M.S. Beagle* reiste nach Westen über den riesigen Pazifischen Ozean. Die nächste Etappe führte die Mannschaft auf die tropische Insel Tahiti, dann weiter nach Neuseeland, Australien und Tasmanien. Im April 1836 erreichte das Schiff die abgelegenen Kokosinseln – ein winziges Atoll im östlichen Indischen Ozean. Langsam wurde es Zeit für Charles, an die Heimreise zu denken.

Kokosinseln

Westaustralien

Galapagos zu den Kokosinseln

Ostaustralien

Neuseeland

Tasmanien

Fantastische Kreaturen

Während seines Besuchs in Australien bemühte sich Charles, ein Gefühl für das Land zu bekommen. Dieses riesige, fremdartige Land beherbergte alle Arten fantastischer Lebewesen. Känguru, Wallaby, Koala und viele andere fand man nirgendwo sonst auf dem Planeten. Stell Dir vor, was Charles gedacht haben muss, als er zum ersten Mal auf das Schnabeltier stieß! Das seltsame kleine Säugetier besitzt den platten Schnabel einer Ente, den pelzigen Körper eines Otters und den breiten Schwanz eines Bibers. Charles bemerkte, dass das Schnabeltier in einem kleinen Winkel der Welt lebte und perfekt daran angepasst war, in den Bächen und Flüssen der südlichen Hemisphäre herumzutauchen.

Im Riff

Nach der Weite von Australien und Neuseeland setzte Kapitän FitzRoy den Kurs auf eine winzige Lagune – ein kreisförmiges Riff, bekannt als Kokosinseln. Das Riff war gesäumt von Sandstränden und Kokospalmen. Unter der Wasseroberfläche verbarg sich ein völlig neues Reich. Charles watete ins Wasser und betrachtete die spektakuläre Korallenformation in der Tiefe. Fische sausten durch Algenvorhänge, Seegurken saßen prall und fransig auf dem Boden und Seesterne räkelten sich über die Felsen.

Geburt eines Atolls

Das Riff war die Heimat einer erstaunlich vielfältigen Meeresfauna und -flora. Leuchtende Papageifische blitzten im Sonnenlicht, während die Korallen hin- und herschwankten. Charles begann sich zu fragen, wie ein solch unglaubliches Ökosystem entstanden sein könnte. Er entwickelte die Theorie, das Riff sei ursprünglich um einen erloschenen Vulkan gewachsen. Als der Vulkan im Ozean versank, blieb nur der isolierte Kreis zurück.

Achtung, Krabbe!

Die Kokosinseln waren zwar wunderschön, aber das Leben auf solch einem abgelegenen Riff hatte auch Nachteile. Nahrung war knapp – es gab Fische, aber an Land gab es nur die Kokosnuss. Charles war überrascht zu sehen, dass viele Palmen von riesigen Krabben bewacht wurden, die »zu monströser Größe« heranwuchsen.

Palmendiebe

Charles war den größten Landwirbellosen der Welt begegnet – dem Palmendieb, einem seltenen Geschöpf, das auf Korallenatollen und tropischen Inseln lebt. Er beobachtete, wie die Krabbe auf Bäume kletterte und mit ihren kräftigen Scheren Kokosnüsse aufbrach. Damals gab es kaum wissenschaftliche Informationen über diese beeindruckende Art.

Die Macht der Scheren

Charles tat gut daran, den Palmendieb aus
der Distanz zu beobachten. Seine gewaltigen
Scheren waren nicht nur riesig, sondern
auch stark genug, um das Sechsfache seines
eigenen Körpergewichts zu zerdrücken!
Der Naturforscher glaubte, die Art lebte
nur in einem sehr kleinen Gebiet im Pazifik,
doch wir wissen heute, dass sie viel weiter
verbreitet ist.

Keine Grenzen

Der Palmendieb gehört zu den Einsiedler-
krebsen. Wenn er noch klein ist, muss
er sich ein leeres Schneckenhaus suchen.
Dort bleibt er, frisst und wächst, bis die
Hülle zu klein wird. Nach etwa einem Jahr
verlässt der Palmendieb sein bewegliches
Heim und sein Körper kann aushärten.
Ohne begrenzendes Haus kann er nun
so groß werden, wie er will.

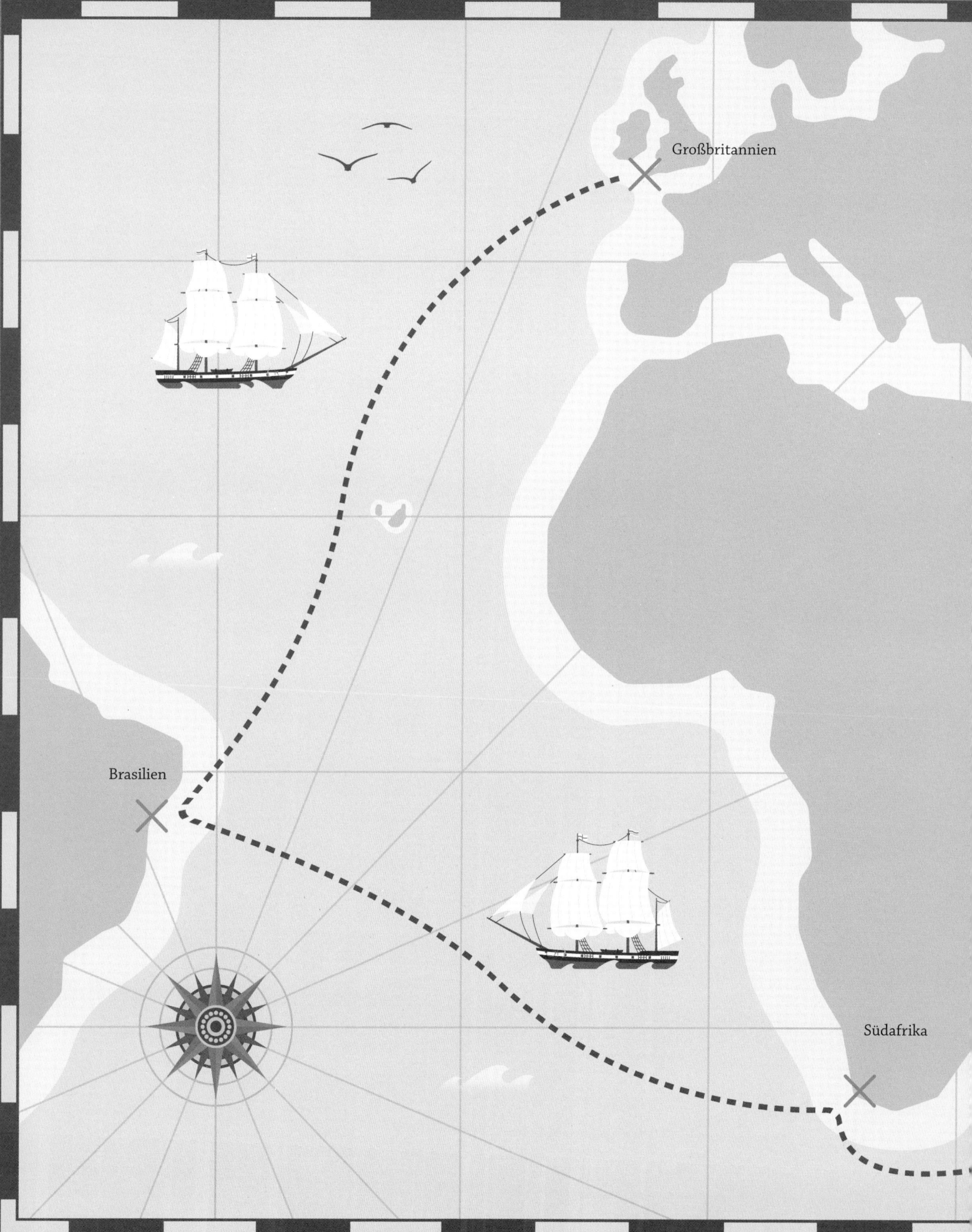

Kokos nach England

Die Reise der *H.M.S. Beagle* war fast zu Ende. Das Schiff fuhr weiter nach Westen Richtung Kapstadt an der Südspitze Afrikas. Darwin wollte gern nach Hause, doch zuerst musste die Mannschaft einen Stopp in Brasilien einlegen, damit Kapitän FitzRoy weitere Untersuchungen vornehmen konnte. Im August 1836 setzte man schließlich die Segel in Richtung England. Charles war hocherfreut.

Kokosinseln

Unter Sternen

Auf seinem Heimweg dachte Charles nächtelang über seine Abenteuer nach. Nach fast fünf Jahren musste er sich überlegen, wie er die vielen hundert Proben sortieren und ordnen sollte. Bald müsste er beginnen, seine Entdeckungen zu einem Muster zusammenzusetzen – vermutlich schossen ihm alle möglichen Ideen durch den Kopf. Während er ein letztes Mal durch die südliche Hemisphäre segelte, genoss er es, an Deck zu stehen und nachzudenken und dabei den Sternenhimmel zu beobachten.

Zeig mir den Weg

Die Sterne sind schon seit dem Altertum wichtig für Seeleute. Seit Tausenden von Jahren half ihnen der Nachthimmel, über den endlosen Ozean zu navigieren. Leuchtende Polarsterne dienten als Positionslichter, weil sie nicht unter dem Horizont verschwanden.

Sterne des Südens

Während sich die Erde dreht, ändert sich der Teil des Himmels, den wir sehen können. Das heißt jedoch nicht, dass die Sterngucker in der nördlichen und südlichen Hemisphäre immer denselben Himmel sehen. Einige Sterne sind zwar sowohl nördlich als auch südlich des Äquators zu sehen, andere kann man nur in einer der Hemisphären beobachten.

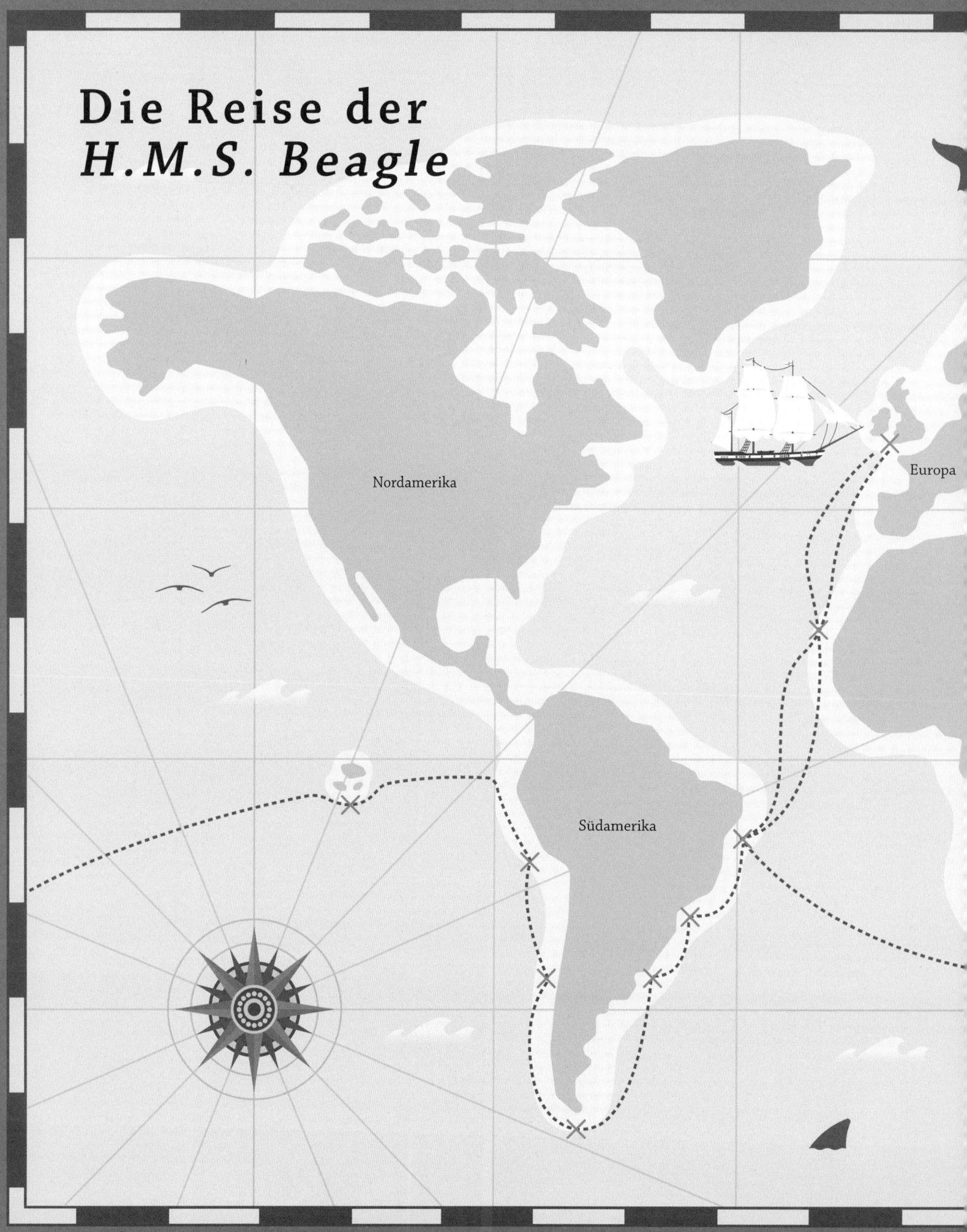

Die Reise der
H.M.S. Beagle

Nordamerika

Europa

Südamerika

Diese Reise verlief ganz anders als geplant:
Das Schiff hielt wegen schlechten Wetters nicht
in Madeira, wegen der Cholera durfte man nicht
auf den Kanarischen Inseln anlegen. Außerdem
kehrte der Kapitän ungeplant nach Brasilien
zurück, um dort seine Arbeit zu beenden.

Asien

Afrika

Australien

Neuseeland

Die letzte Etappe

Charles war lange von seinen Freunden und seiner Familie getrennt, aber immer hatten er mit langen Briefen Kontakt gehalten. Er schrieb seinem Bruder und seinen Schwestern, seinem Vater sowie seinen Wissenschaftlerkollegen. Nun konnte er sich endlich darauf freuen, ihnen wieder persönlich gegenüberzustehen.

Boxenstopp

Die Rückfahrt nach England ging nicht sehr schnell. Die *H.M.S. Beagle* brauchte mehrere Monate für den Weg nach Norden Richtung Äquator. Von Zeit zu Zeit hatten Charles und die Mannschaft die Gelegenheit für kurze Stopps. Während der Rückreise besuchten sie Mauritius, die Insel St. Helena und die Azoren.

Jetzt oder nie

Als sie Südamerika passierten, befürchtete Kapitän FitzRoy, er habe beim Zeichnen der Karten von Salvador da Bahia Fehler gemacht. Er entschied, zurückzufahren und einige Korrekturen vorzunehmen. Während die Mannschaft daran arbeitete, hatte Charles eine letzte Chance, die Wälder von Brasilien zu erkunden.

Übelkeit

Charles war erleichtert, als Kapitän FitzRoy endlich beschloss, Brasilien zu verlassen, auch wenn die Reise unerfreulich werden würde. Trotz der vielen Jahre, die er auf den Ozeanen verbracht hatte, litt der Forscher weiterhin unter unerträglicher Seekrankheit. Er konnte es kaum erwarten, dass die »mühselige Misere aus Verlust an Zeit, Gesundheit und Komfort« zum Ende kam.

Endlich zu Hause

Nach einer Reise von vier Jahren, neun Monaten und fünf Tagen segelte die *H.M.S. Beagle* wieder in britische Gewässer. Charles freute sich sehr, wieder die vertrauten Bilder und Gerüche der Heimat zu erleben. Er hatte England als naiver junger Mann verlassen – nun kehrte er als gereifter Naturforscher zurück, begierig, seine bahnbrechenden neuen Ideen zu testen.

Die Heimkehr

FitzRoy, Charles und die ganze Mannschaft mussten ein letztes Abenteuer überstehen – ein Gewitter, das die *H.M.S. Beagle* auf ihrem Weg in den Hafen durchnässte. Das Schiff erreichte Falmouth Docks schließlich an einem dunklen, trostlosen Abend um 21 Uhr. Charles verschwendete keine Zeit. Er verabschiedete sich schnell von den Schiffskameraden und brach zu seiner Familie auf.

Überraschung!

Charles brauchte eine Weile, um bis nach Shrewsbury zu reisen. Als er schließlich mitten in der Nacht zu Hause ankam, lag seine Familie schlafend im Bett! Er wartete bis zum nächsten Morgen, bevor er lässig in das Esszimmer schlenderte, wo sein Vater und seine Schwestern beim Frühstück saßen. Alle sprangen von ihren Stühlen auf und kreischten vor Begeisterung, Charles endlich wiederzusehen.

Zurück an die Arbeit

Die H.M.S. Beagle hatte Kapitän FitzRoy gut gedient, doch die Reise hatte Spuren an dem Gefährt hinterlassen. Das Schiff musste dringend repariert werden. Im November 1836 wurde die Beagle überholt. Im Juli 1837 war sie bereit, erneut abzulegen. Für ihre dritte und letzte Reise wurde ein neuer Kapitän bestimmt: John Wickham.

Ein Lebenswerk

Seine Reise auf der *H.M.S. Beagle* hat Charles niemals vergessen. Wieder in England begann er mit dem langwierigen Prozess, seine Erfahrungen zu wissenschaftlichen Durchbrüchen umzuformen, die das moderne Denken für immer verändern würden. Viele Jahre später, als älterer Mann, schrieb Charles auf, was die Expedition ihm bedeutet hat:

»Die Reise der *Beagle* ist das bei weitem bedeutendste Ereignis in meinem Leben gewesen und hat meine gesamte Karriere bestimmt. Alles, worüber ich nachgedacht oder gelesen habe, wirkte sich direkt auf das aus, was ich gesehen hatte oder wahrscheinlich sehen würde; und diese Gewohnheit des Geistes setzte sich während der fünf Jahre der Reise fort. Ich bin mir sicher, dass es diese Ausbildung war, die es mir erlaubte, alles das zu tun, was ich in der Wissenschaft getan habe.«

Über die Entstehung der Arten

Charles brachte viele Jahre damit zu, seine Sammlungen zu untersuchen und sie anderen Experten in Geologie und Naturkunde zu zeigen. Bald wurde er selbst ein anerkannter Wissenschaftler. Allerdings sollte es noch 20 Jahre dauern, bis Charles bereit war, seine Theorie über die natürliche Auslese zu veröffentlichen. Er nannte sein Buch *Über die Entstehung der Arten*.

»Der gefährlichste Mann in England«

Bei der natürlichen Auslese überleben nur die Arten, die am besten an ihre Umgebung angepasst sind. Für die Viktorianische Gesellschaft war dies eine unerhörte Offenbarung, weil damit der allgemein verbreitete Glaube in Frage gestellt wurde, dass Gott die Erde und die Tiere erschaffen habe. 1871 ging Charles sogar noch einen Schritt weiter – er stellte die Theorie auf, dass Menschen und Affen vom selben gemeinsamen Vorfahren abstammen

Eine bahnbrechende Wende

Charles' Reise auf der *Beagle* brachte ihn mit der Natur in ihrer ganzen außerordentlichen Vielfalt in Berührung. Diese reiche Ernte war der Beweis, den er brauchte, um zu zeigen, wie die natürliche Auslese funktionierte. Sie erklärte den Unterschied zwischen den Galapagos-Finken und zeigte alle möglichen weiteren Möglichkeiten dafür, wie Arten sich an ihre Umgebung anpassen. Die natürliche Auslese unterstützte Charles' Evolutionstheorie.

Darwins Vermächtnis

Charles' Forschungen waren zunächst unpopulär, aber sie regten die Menschen zum Reden und Nachdenken an. Später sollte die Welt der Wissenschaft bereit sein, moderne Technologien einzusetzen, um seine Theorie der Evolution durch natürliche Auslese zu beweisen. Wissenschaftler konnten Tiere und Pflanzen in Familien einteilen und dann die Eigenschaften studieren, durch die sie überlebten.

In den Genen

Aus den Untersuchungen, wie Eigenschaften in der Natur weitergegeben werden, entwickelte sich die Genetik. Wissenschaftler haben gelernt, dass jede Form des Lebens in ihren Zellen einen chemischen Code mit sich trägt. Dieser wird DNS genannt und von Generation zu Generation weitergegeben. Durch das Studium der genetischen Codes von Darwinfinken können wir nun Charles' Vermutung beweisen, dass die Vögel tatsächlich von gemeinsamen Vorfahren abstammen.

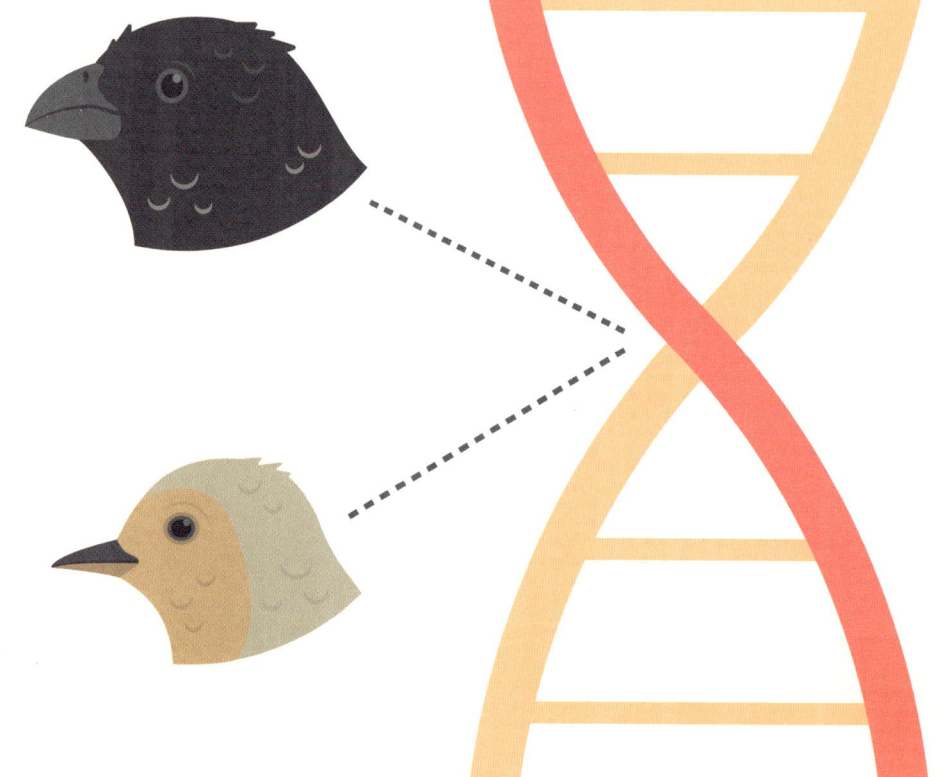

Die Abstammung des Menschen

Charles war ein schüchterner Mann und sprach deshalb nicht gern in der Öffentlichkeit über seine Theorien. Obwohl vielen die Idee, dass der Mensch vom Affen abstammt, zuwider war, wird diese Theorie heute weithin akzeptiert. Tests zeigen, dass sich unser genetischer Code nur um ein oder zwei Prozent von dem der Schimpansen unterscheidet – sie sind unsere nächsten Verwandten.

Entdeckungsreise

Niemand kann leugnen, wie wichtig und einflussreich Charles' Arbeit gewesen ist. Er revolutionierte die Art und Weise, wie Menschen die Welt sehen und über sie denken. Charles ermunterte die Wissenschaft, in alle Richtungen vorwärtszugehen – seine Entdeckungen zu testen und weiterzuentwickeln. Charles Darwin war der größte Naturforscher seiner Zeit ... vielleicht sogar aller Zeiten.

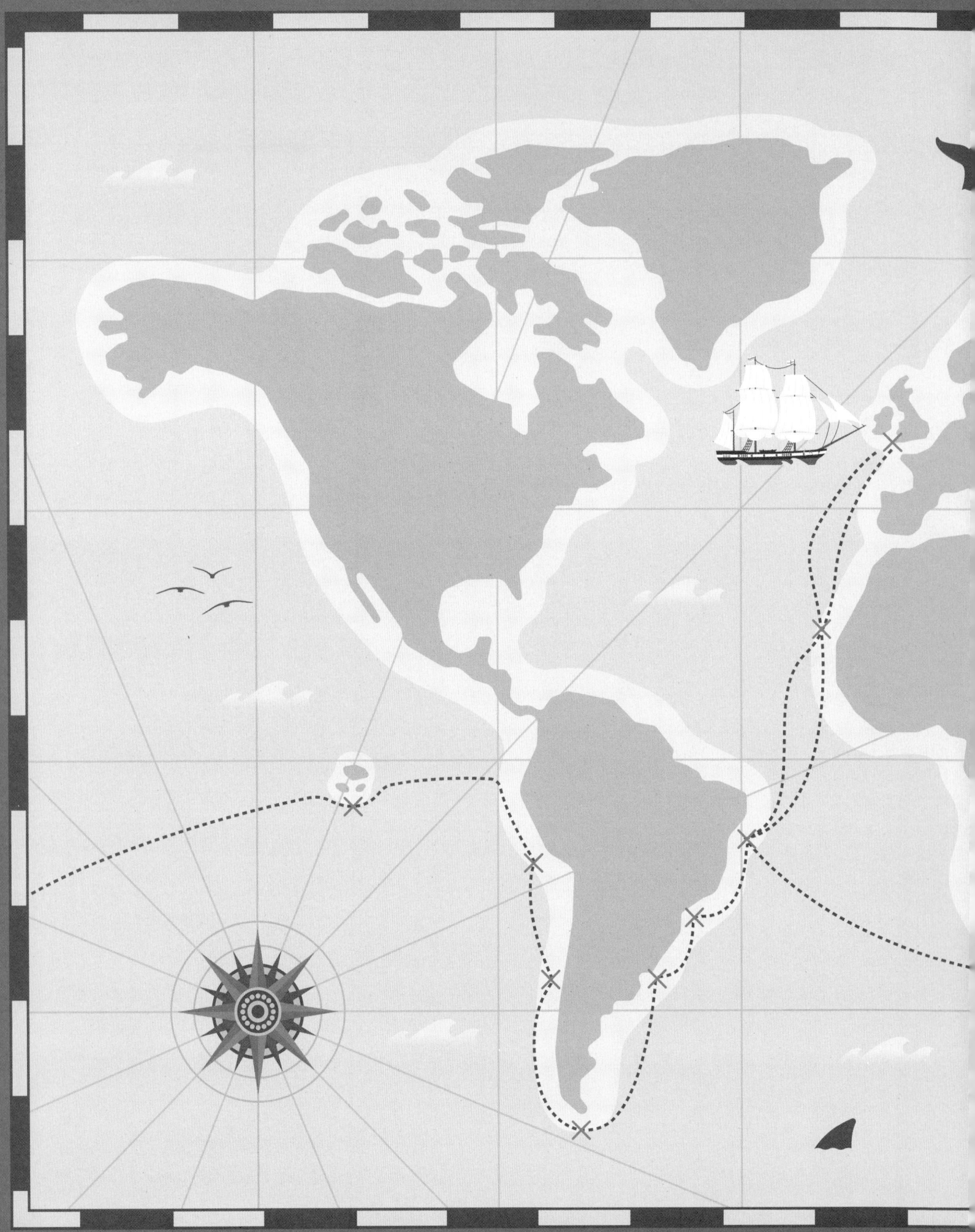